MW01195609

ARMONÍA MODERNA

simplificada

CON EJEMPLOS Y EJERCICIOS RESUELTOS

…Una revisión de los conceptos más importantes de la armonía moderna desde una perspectiva práctica.

CONTENIDO

INTRODUCCIÓN

Cuando 2 o más notas ocurren de forma simultánea en una obra musical, esto crea una armonía, un elemento básico de la música. Más adelante, esta simple idea nos llevará a conocer conceptos más complejos, tales como acordes e intervalos, pero, en esencia, la armonía es una técnica que nos permite conjugar las notas musicales de manera que resulte agradable al oído. Todos los acordes y notas presentes en una composición tienen una razón de estar ahí, que puede ser comprendida y explicada mediante el estudio de la armonía.

La armonía se desarrolló durante los periodos clásicos y tuvo aplicación en el canto coral y en la música sinfónica; a esto comúnmente se le denomina Armonía Clásica, que es estudiada en conservatorios y universidades aún hasta el día de hoy. Un tratado de armonía moderna, sin embargo, difiere mucho de uno de armonía clásica, aunque los principios sobre los cuáles funciona son los mismos, ya que éstos están presentes en la naturaleza del sonido, como un fenómeno físico y en la forma en que lo percibimos.

La diferencia principal está en los géneros musicales que aplican la teoría de la armonía moderna, principalmente el jazz y géneros contemporáneos. Éstos aplican los principios de armonía de forma libre, dando lugar a la improvisación y a la propia interpretación del artista.

Conocimientos Previos

- Tonos y semitonos

- Cifrado americano

- La escala natural, sus notas y los intervalos entre sus notas

- La escala cromática (conformada por 12 notas y 12 semitonos)

- Las alteraciones (bemol y sostenido)

- Las escalas mayores

Fases del aprendizaje

1. Domine el concepto

2. Resuelva los Ejercicios

3. Aplique lo aprendido en su quehacer Musical

Conocimientos Previos

La armonía moderna se basa en reglas que, aunque pueden parecer complejas, pueden ser aplicadas y desarrolladas con cierta facilidad por músicos más o menos experimentados. La mayoría de dificultades que suelen tener los estudiantes de armonía provienen de la falta de comprensión y dominio de algunos conceptos fundamentales. Algunos conceptos que pueden servir para facilitar la comprensión del siguiente curso son: el tono y el semitono; el cifrado americano; la escala natural, sus notas y los intervalos entre sus notas; La escala cromática (conformada por 12 notas y 12 semitonos); Las alteraciones (bemol y sostenido); la formación de escalas mayores.

Este curso partirá desde tales conceptos en adelante, por lo que, si es necesario, repase lo anteriormente citado con el fin de poder aprovechar el curso de mejor manera y facilitar su comprensión.

Forma de Estudio

Aunque la armonía viene a ser la gramática de la música, en realidad, la forma de estudiarla es más parecida a la de un curso de matemáticas, por el hecho de que aprender armonía requiere practicar los conceptos una y otra vez, en lugar de sólo

Armonía
....

La armonía como técnica es aquella que nos permite conjugar las notas musicales de manera que resulte agradable al oído y que tengan sentido musicalmente.

Armonía Moderna
....

Difiere de la armonía Clásica, aunque los principios sobre los cuáles funciona son los mismos, ya que éstos están presentes en la naturaleza del sonido, como un fenómeno físico y la forma en que lo percibimos.

Armonía Moderna
....

Es aplicada en el Jazz y en géneros contemporáneos, que utilizan los principios de armonía de forma libre, dando lugar a la improvisación y a la propia interpretación del artista

....

Todos los acordes y notas presentes en una composición tienen una razón de estar ahí, que puede ser comprendida y explicada mediante el estudio de la armonía.

comprenderlos.

En este sentido, la adquisición de habilidades abarca 3 fases: la adquisición de los conceptos, la resolución de ejercicios, y la aplicación práctica en la comprensión de temas musicales y en la composición y arreglo de temas propios.

Primeramente, domine el concepto: para ello puede ser necesario leer varias veces un mismo fragmento y los ejemplos y resúmenes provistos en el documento.

Seguidamente, practique los conceptos: Poco le aprovechará este curso si no se toma el tiempo necesario para resolver las hojas de trabajo provistas para el curso. Todos los conceptos, aún los que le parezcan más confusos, se le irán aclarando en la medida en que se dedique a resolver los ejercicios.

Finalmente, aplique estos conceptos y las habilidades adquiridas en su propio quehacer musical, esto hará que lo aprendido no lo olvide fácilmente y le pueda servir para el resto de su carrera. La armonía moderna le servirá como base para improvisación, para enriquecer cualquier arreglo musical y, lo más maravilloso, para componer y arreglar sus propios temas.

Ayudas en Video

De este libro se ha elaborado un curso en Video dividido en 2 módulos:

Módulo 1 https://www.aunavoz.net/producto/armonia1/

Módulo 2 https://www.aunavoz.net/producto/armonia-2/

Cupones de Descuento Armonía 1 y 2

MÓDULO 1: 25ams
MÓDULOS 1 Y 2: 25curso

1. ARMONÍA: CONCEPTOS PREVIOS

1.1 Importancia de las Escalas Mayores

La música occidental se basa en el sistema mayor o de escalas diatónicas mayores que tiene la estructura de intervalos siguiente:

T + T + s + T + T + T + s
(Donde T = Tono y s = semitono)

Una gran cantidad de instrumentos musicales están construidos en base a esta estructura, incluido el piano, el cuál, muchos estudiosos de la armonía toman como instrumento de referencia.

Muchas veces pensamos en las escalas como algo que nos sirve para crear melodías, sin embargo, las escalas juegan un papel fundamental en la armonía también; de hecho, son el punto de partida para su estudio. En específico, me refiero a la escala mayor (también conocida como escala diatónica mayor). Si un estudiante no domina las escalas mayores afrontará serias dificultades en la comprensión de los conceptos posteriores, ya que éstas son el punto de partida para crear

Escalas Mayores
....

Son la base de la música occidental.

Son el punto de partida para el estudio de la Armonía Moderna, por lo cuál es aconsejable memorizarlas.

Escalas Mayores
....

Poseen un grado principal denominado "Tónica"

Poseen 7 grados primarios:

1, 2, 3, 4, 5, 6, 7

Los grados de la segunda octava de una escala también son importantes, estos son:

8, 9, 10, 11, 12, 13, 14

cualquier tipo de estructura en armonía moderna, ya sea un intervalo o un acorde. Por tal razón, haremos un breve repaso de las 12 escalas mayores (si tomamos en cuenta las escalas enarmónicas: C#-Db, F#-Gb y B-Cb, son 15 en total).

Escala de C

Escala de C#

Escala de Db

Escala de D

Escala de Eb

Escala de E

E	F#	G#	A	B	C#	D#	E
1	2	3	4	5	6	7	8

Escala de F

F	G	A	Bb	C	D	E	F
1	2	3	4	5	6	7	8

Escala de F#

F#	G#	A#	B	C#	D#	E#	F#
1	2	3	4	5	6	7	8

Escala de Gb

Gb	Ab	Bb	Cb	Db	Eb	F	Gb
1	2	3	4	5	6	7	8

Escala de G

G	A	B	C	D	E	F#	G
1	2	3	4	5	6	7	8

Escala de Ab

Ab	Bb	C	Db	Eb	F	G	Ab
1	2	3	4	5	6	7	8

Escala de A

A	B	C#	D	E	F#	G#	A
1	2	3	4	5	6	7	8

Escala de Bb

Bb	C	D	Eb	F	G	A	Bb
1	2	3	4	5	6	7	8

Escala de B

B	C#	D#	E	F#	G#	A#	B
1	2	3	4	5	6	7	8

Escala de Cb

Cb	Db	Eb	Fb	Gb	Ab	Bb	Cb
1	2	3	4	5	6	7	8

Aunque puede utilizar este material de referencia para consultar cuando tenga alguna duda en relación a alguna escala que no domine bien, es preferible tener las escalas bien frescas en la mente, para facilitar la comprensión de los conceptos posteriores.

Grados de la Escala

En las 15 escalas vistas anteriormente hemos incluido los grados de la escala, éstos no son más que la posición que ocupa una determinada nota dentro de la escala, por lo cuál están ordenados del 1 al 8 y usualmente nos referimos a ellos usando números ordinales; ej.: primer grado, segundo grado, tercer grado, etc.

Los grados nos ayudan a "transportar", usamos el término transportar para referirnos al cambio de nota o pasaje musical de una escala a otra.

Memorizar las Escalas Mayores
....

Es importante para facilitar la asimilación de este método. De esta manera podrá concentrar su atención en los conceptos más difíciles.

Grados de la 2da Octava

Los más importantes y aplicables en la armonía moderna son:
9, 11 y 13

En la práctica: Grados de la Escala

P. ¿Cuál es el quinto grado de do (C)?

R. El quinto grado en la escala de do (C) es la nota sol (G) porque las notas en la escala de C están ordenadas de la siguiente manera:

1	2	3	4	5	6	7
C	D	E	F	G	A	B

P. ¿Cuál es el quinto grado de la (A)?

R. El quinto grado en la escala de la (A) es la nota mi (E) porque las notas en la escala de A están ordenadas de la siguiente manera:

1	2	3	4	5	6	7
A	B	C#	D	E	F#	G#

Grados de la Segunda Octava

Hasta ahora hemos visto solamente escalas que tienen una única octava, pero en armonía también nos sirve conocer los grados de la segunda octava:

C	D	E	F	G	A	B	C	D	E	F	G	A	B
1	2	3	4	5	6	7	8	**9**	10	**11**	12	**13**	14

Note que la numeración llega hasta el 14, sin embargo, a nosotros nos bastará aprender los grados 9, 11 y 13; es decir, los impares. ¿Por qué?, bueno, eso tiene que ver con la formación de acordes, y lo abordaremos en el capítulo 3.

De momento, resumamos que los grados de la segunda octava más importantes son 9, 11 y 13; y que en realidad son la repetición de los grados 2, 4 y 6 de la primera octava.

El noveno grado se corresponde con el segundo, el onceavo con el cuarto, y el treceavo con el sexto.

Véase en la escala de C, el grado 9 es D igual que el 2, el 11 es F igual que el 4, y el 13 es A igual que el 6.

▥ En la práctica: Grados de la Segunda Octava

P. ¿Cuál es el treceavo grado de do (C)?

R. El treceavo grado en la escala de do (C) es la nota la (A) porque las notas en la segunda octava de la escala de C están ordenadas de la siguiente manera:

8	9	10	11	12	13	14
C	D	E	F	G	A	B

P. ¿Cuál es el treceavo grado de la (A)?

R. El treceavo grado en la escala de la (A) es la nota fa sostenido (F#) porque las notas en la segunda octava de la escala de A están ordenadas así:

8	9	10	11	12	13	14
A	B	C#	D	E	F#	G#

1.2 Alteraciones de Grado

Ya sabemos que una alteración sostenido (#) mueve la altura de una nota un semitono hacia arriba. De esta manera C# es un semitono más alto que C natural. Ahora, este mismo concepto que aplicamos sobre las notas también puede ser aplicado sobre un grado; es decir que los grados de una escala son alterables al igual que las notas naturales.

Alteración de Grado

Alteran un grado y no una nota de forma directa.

Cuidado!

Debe tener en cuenta que una alteración de grado no implica que la nota resultante tenga la misma alteración, pues esto depende de la escala. Por ejemplo el #4 en la escala de B♭ es en realidad una nota natural: E

Una de las habilidades básicas para entender la armonía moderna es aplicar correctamente las alteraciones (sostenido # y bemol ♭) cuando éstas se encuentran específicamente sobre un grado en lugar de una nota.

Por ejemplo un grado ♭3 significa que la nota que esté en el tercer grado de una escala mayor deberá ser rebajado un semitono.

La alteración de grado suele escribirse antes del mismo, ej.: ♭5 y no 5♭

▥ En la práctica: Alteraciones de Grado

P. ¿Cuál es el ♭5 en la escala de C?

R. El ♭5 en la escala de C corresponde a la nota sol bemol (G♭) ya que el quinto grado en la escala de C es G natural.

P. ¿Cuál es el ♯4 en la escala de F?

R. El ♯4 en la escala de F corresponde a la nota si natural (B) ya que el cuarto grado en la escala de F es si bemol; como la alteración ♯ sube la altura un semitono, la nota resultante es una nota natural. Nótese pues, que aunque la alteración sea ♯, eso no implica que la nota resultante tenga que ser obligatoriamente un sostenido, ya que esto depende de la escala en la que lo estemos aplicando.

▥ En la práctica: Alteraciones de Grado

P. Escriba todos los grados y sus posibles alteraciones sobre las escalas de Do, Si bemol y D mayor.

R. (ver tabla en la siguiente página)

Grado	Escala de C mayor	Escala de B♭ mayor	Escala de D mayor
1	C	B♭	D
♭2	D♭	C♭(B)	E♭
2	D	C	E
♯2	D♯	C♯	E♯(F)
♭3	E♭	D♭	F
3	E	D	F♯

4	F	E♭	G
♯4	F♯	E	G♯
♭5	G♭	F♭(E)	A♭
5	G	F	A
♯5	G♯	F♯	A♯
♭6	A♭	G♭	B♭
6	A	G	B
♯6	A♯	G♯	B♯(C)
♭7	B♭	A♭	C
7	B	A	C♯

Note como (salvo en la escala de C) las notas resultantes tienen alteraciones diferentes a las alteraciones de grado. En este punto los principiantes suelen cometer errores. Esto es fácil de evitar si se conocen bien las escalas, puesto que el estudiante debe tener facilidad para alterar los grados de una escala de forma inmediata; si se esfuerza en recordar la escala primero, perderá parte de su atención y le será más difícil y tardado el aplicar un concepto.

Alteraciones de Grado de la Segunda Octava

Al igual que se ha hecho con los grados de la primera octava de una escala, también pueden alterarse los grados de la segunda octava.

🎹 **En la práctica: Alteraciones de Grado de la Segunda Octava**

P. Escriba los grados 9, 11 y 13 y sus posibles alteraciones para las escalas de do, si bemol y d mayor.

R.

Grado	Escala de C mayor	Escala de B♭ mayor	Escala de D mayor
♭9	D♭	C♭(B)	E♭
9	**D**	**C**	**E**
#9	D#	C#	E#
11	**F**	**E♭**	**G**
#11	F#	E	G#
♭13	A♭	G♭	B♭
13	**A**	**G**	**B**

Hoja de Trabajo No.I

Ejercicio 1

Una de las habilidades que le ayudarán a comprender los principios de la armonía es conocer las notas de las escalas según el grado que ocupan. *Por ejemplo G es el quinto grado de C y a la vez es el cuarto grado de D*, los músicos experimentados dominan estas relaciones fácilmente. Para la práctica escriba la nota del grado que se le pide sobre la partitura, o bien escriba simplemente el cifrado si desconoce el uso de la partitura. Tome en cuenta la escala indicada (no utilice armaduras).

Para referencia incluyo un diagrama con la posición de las notas sobre el pentagrama en clave de sol:

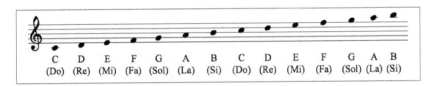

Escriba los grados que se le piden:

C mayor: 3   5   7   2   4   6   9   11   13

G mayor   3   5   7   2   4   6   9   11   13

D mayor   3   5   7   2   4   6   9   11   13

A mayor   3   5   7   2   4   6   9   11   13

E mayor   3   5   7   2   4   6   9   11   13

B mayor   3   5   7   2   4   6   9   11   13

F mayor   3   5   7   2   4   6   9   11   13

B♭ mayor   3   5   7   2   4   6   9   11   13

E♭ mayor   3   5   7   2   4   6   9   11   13

A♭ mayor   3   5   7   2   4   6   9   11   13

D♭ mayor   3   5   7   2   4   6   9   11   13

G♭ mayor   3   5   7   2   4   6   9   11   13

Ejercicio 2

En este ejercicio iremos un poco más allá de los grados de escala y escribiremos sus alteraciones más comunes:

C mayor   ♭3 - ♭5 - #5 - ♭7 - #4 - ♭6 - ♭9 - #9 - #11 - ♭13

G mayor   ♭3 - ♭5 - #5 - ♭7 - #4 - ♭6 - ♭9 - #9 - #11 - ♭13

D mayor   ♭3 - ♭5 - #5 - ♭7 - #4 - ♭6 - ♭9 - #9 - #11 - ♭13

A mayor   ♭3 - ♭5 - #5 - ♭7 - #4 - ♭6 - ♭9 - #9 - #11 - ♭13

E mayor   ♭3 - ♭5 - #5 - ♭7 - #4 - ♭6 - ♭9 - #9 - #11 - ♭13

B mayor   ♭3 - ♭5 - #5 - ♭7 - #4 - ♭6 - ♭9 - #9 - #11 - ♭13

F mayor ♭3 - ♭5 - #5 - ♭7 - #4 - ♭6 - ♭9 - #9 - #11 - ♭13

B♭ mayor ♭3 - ♭5 - #5 - ♭7 - #4 - ♭6 - ♭9 - #9 - #11 - ♭13

E♭ mayor ♭3 - ♭5 - #5 - ♭7 - #4 - ♭6 - ♭9 - #9 - #11 - ♭13

A♭ mayor ♭3 - ♭5 - #5 - ♭7 - #4 - ♭6 - ♭9 - #9 - #11 - ♭13

D♭ mayor ♭3 - ♭5 - #5 - ♭7 - #4 - ♭6 - ♭9 - #9 - #11 - ♭13

G♭ mayor ♭3 - ♭5 - #5 - ♭7 - #4 - ♭6 - ♭9 - #9 - #11 - ♭13

2. INTERVALOS Y ACORDES

2.1 Intervalos

Un intervalo es la distancia que existe entre dos notas musicales cualesquiera, digamos entre C y G existe un intervalo.

Los intervalos nos ayudan a determinar la relación existente entre las notas que lo conforman y suelen expresarse mediante 2 características: Grado y Cualidad.

Grado

El grado de un intervalo se expresa en números ordinales al igual que lo hacíamos para los grados de una escala, sin embargo, esta vez lo haremos con los números ordinales en femenino: segunda, tercera, cuarta, etc.

Para calcular el grado de un intervalo contamos todas las notas contenidas en el intervalo incluyendo las notas superior e inferior. Por ejemplo, si queremos determinar el grado del intervalo C - G, tomaremos en cuenta todas las notas contenidas en el intervalo incluyendo C y G según el orden natural de las notas; así pues, entre C y G tenemos las notas C, D, E, F y G; 5 en total, por lo que el intervalo es de quinta.

Intervalos

Distancia entre 2 notas

Intervalos

Poseen 2 características:

1) Grado: Se expresa en números ordinales

2) Cualidad: Se expresa mediante los siguientes adjetivos:

Cualidad	Abreviatura
Mayor	M
Justa	J
Menor	m
Aumentada	+
Disminuida	-

El grado de un intervalo, es bastante general y no es específico respecto a la distancia en tonos y semitonos, tampoco toma en cuenta alteraciones, por lo que los intervalos C-G#, C#-G#, C#-Gb, incluso Cb-G#, todos son intervalos de quinta.

▥ En la práctica: Grado de un intervalo

P. ¿Cuál es el grado del intervalo D-A?

R. Se trata de un intervalo de quinta, por cuanto de D a A hay 5 notas: D-E-F-G-A.

P. ¿Cuál es el grado del intervalo F#-E?

R. Se trata de un intervalo de séptima, por cuanto de F# a E hay 7 notas: F#-G-A-B-C-D-E

Cualidad

La cualidad de un intervalo especifica la diferencia de altura del intervalo tomando en cuenta los tonos y semitonos contenidos. De esta manera, aunque el grado de un intervalo por si solo es bastante general, al hacer uso de la cualidad podemos ser bastante específicos.

La cualidad de un intervalo puede ser: Mayor (M), menor (m), justa (J), aumentada (+) o disminuida (-) y se utilizan de la siguiente manera:

- Los intervalos de 2da, 3ra, 6ta y 7ma pueden ser mayores (M) o menores (m)

- Los intervalos de 4ta, 5ta y 8va pueden ser justos (J)

- Todos los intervalos pueden ser aumentados (+) o disminuidos (-)

- Los intervalos que se forman entre una tónica y cualquiera de las notas de su escala son mayores o justos.

Esta última regla es bastante importante; quiere decir que entre el primer grado y cualquier otro grado de la misma escala mayor surgirán los intervalos: segunda mayor, tercera mayor, cuarta justa, quinta justa, sexta mayor y séptima mayor.

Por ejemplo, observemos los intervalos que surgen entre C y las notas de su escala mayor:

Intervalo	Grado	Cualidad	Semitonos	Abrev.
C - D	2da	Mayor (M)	2	2M
C - E	3ra	Mayor (M)	4	3M
C - F	4ta	Justa (J)	5	4J
C - G	5ta	Justa (J)	7	5J
C - A	6ta	Mayor (M)	9	6M
C - B	7ma	Mayor (M)	11	7M
C - C (octava)	8va	Justa (J)	12	8J

🎹 En la práctica: Cualidad y grado de un intervalo

P. ¿Cuál es el grado y cualidad del intervalo D-A?

R. Se trata de un intervalo de quinta justa, por cuanto A es el quinto grado en la escala de D.

P. ¿Cuál es el grado y cualidad del intervalo G-F#?

R. Se trata de un intervalo de séptima mayor, por cuanto F# es el séptimo grado en la escala de G

P.¿Cuál es el grado y cualidad del intervalo F-Bb?

R. Se trata de un intervalo de cuarta justa, por cuanto Bb es el cuarto grado en la escala de F

Alteraciones de Intervalos

Cuando los intervalos mayores y justos se alteran en un semitono o un tono éstos derivan en intervalos ya sea menores, aumentados o disminuidos, de la siguiente manera:

Un intervalo que tiene un semitono menos que un mayor, resulta un intervalo menor (m).

Un intervalo que tiene un semitono menos que un justo, o un tono menos que un mayor, resulta un intervalo disminuido (-)

Un intervalo que tiene un semitono más que un justo o un mayor, resulta un intervalo aumentado (+).

Alteraciones de Intervalos

Los intervalos Mayores y Justos surgen de la escala mayor, y pueden ser alterados de la siguiente manera:

Intervalo	+1s	-1s	-1T
J	+	-	
M	+	m	-

En la práctica: Alteraciones de Intervalos

P. ¿Cuál es el grado y cualidad del intervalo D-A♭?

R. Se trata de un intervalo de quinta disminuida, por cuanto D-A es un intervalo de quinta justa, y D-A♭ tiene un semitono menos. Los intervalos que tienen un semitono menos que un justo son disminuidos.

P. ¿Cuál es el grado y cualidad del intervalo G-F?

R. Se trata de un intervalo de séptima menor, por cuanto G-F♯ es un intervalo de séptima mayor, y G-F tiene un semitono menos. Los intervalos que tienen un semitono menos que un mayor son menores.

P. ¿Cuál es el grado y cualidad del intervalo F-B?

R. Se trata de un intervalo de cuarta aumentada, por cuanto F-B♭ es un intervalo de cuarta justa y F-B tiene un semitono más. Los intervalos que tienen un semitono más que un justo son aumentados.

🎹 En la práctica: Alteraciones de Intervalos

P. Escriba todos los intervalos que surgen entre la nota C y las demás notas de la escala cromática.

R.

Intervalo	Grado	Cualidad	Semitonos	Abrev.
C - D♭	2da	Menor	1	2m
C - D	**2da**	**Mayor**	**2**	**2M**
C - D♯	2da	Aumentada	3	2+
C - E♭	3ra	Menor	3	3m
C - E	**3ra**	**Mayor**	**4**	**3M**
C - E♯	3ra	Aumentada	5	3+
C - F♭	4ta	Disminuida	4	4-
C - F	**4ta**	**Justa**	**5**	**4J**
C - F♯	4ta	Aumentada	6	4+
C - G♭	5ta	Disminuida	6	5-
C - G	**5ta**	**Justa**	**7**	**5J**
C - G♯	5ta	Aumentada	8	5+
C - A♭	6ta	Menor	8	6m
C - A	**6ta**	**Mayor**	**9**	**6M**
C - A♯	6ta	Aumentada	10	6+
C - B♭	7ma	Menor	10	7-
C - B	**7ma**	**Mayor**	**11**	**7M**
C - B♯	7ma	Aumentada	12	7+

Intervalos Simples

Son todos los intervalos que no sobrepasan una octava. Todos los intervalos de los ejemplos anteriores son, por lo tanto, intervalos simples.

Intervalos Compuestos

Cuando un intervalo excede la 8va se denomina compuesto. Las reglas para estos intervalos (de la octava a la catorcena) son exactamente iguales a sus intervalos simples.

▥ En la práctica: Intervalos Compuestos

P. Escriba todos los intervalos que surgen entre la nota C y las demás notas de la escala cromática una octava arriba:

R.

Intervalo	Grado	Cualidad	Semitonos	Abrev.
C - C8	8va	Justa	12	8J
C - D♭8	9na	Menor	13	9m
C - D8	**9na**	**Mayor**	**14**	**9M**
C - D♯8.	9na	Aumentada	15	9+
C - E♭8	10ma	Menor	15	10m
C - E8	**10ma**	**Mayor**	**16**	**10M**
C - E♯8	10a	Aumentada	17	10+
C - F♭8	11a	Disminuida	16	11-
C - F8	**11a**	**Justa**	**17**	**11J**
C - F♯8	11a	Aumentada	18	11+
C - G♭8	12a	Disminuida	18	12-

C - G8	12a	Justa	19	12J
C - G#8	12a	Aumentada	20	12+
C - A♭8	13a	Menor	20	13m
C - A8	13a	Mayor	21	13M
C - A#8	13a	Aumentada	22	13+
C - B♭8	14a	Menor	22	14m
C - B8	14a	Mayor	23	14M
C - B#8	14a	Aumentada	24	14+

Intervalos Ascendentes y Descendentes

Además de simples y compuestos, los intervalos también pueden ser ascendentes y descendentes. Todos los intervalos que hemos visto hasta ahora son ascendentes por cuanto parten de la nota más grave hacia la más aguda; por ejemplo C-G. Sin embargo los intervalos también pueden ser descendentes si van desde la nota más aguda a la más grave, por ejemplo G-C es un intervalo descendente si C es más grave que G.

Si se da el caso que estamos trabajando tanto con intervalos que van hacia arriba como hacia abajo, podemos usar flechas junto a las abreviaturas, por ejemplo:

5J↑ = quinta justa ascendente   5J↓ = quinta justa descendente

Intervalos Inversos

Una última categoría de intervalos se refiere a los intervalos inversos o complementarios, y básicamente consiste en el intervalo que completa la octava de un intervalo, por ejemplo, el intervalo complementario de C-G sería G-C, o más concretamente G - C8, puesto que lo que buscamos es llegar a la siguiente octava.

Estas consideraciones son importantes:

- El intervalo inverso de un intervalo mayor es un intervalo menor y viceversa

- El intervalo inverso de un intervalo aumentado es un intervalo disminuido y viceversa.

- El intervalo inverso de un intervalo justo es otro intervalo justo.

- Los grados de dos intervalos inversos siempre suman nueve

Esta última consideración es bastante interesante. Por ejemplo el intervalo inverso de C-G es G-C, el primero es una quinta justa y el segundo una cuarta justa, cuando sumamos los grados de ambos intervalos obtendremos 9 porque $5+4=9$.

🎹 **Ejemplo - Intervalos Inversos**

P. ¿Cuáles son los intervalos inversos de C-D, E-G, F-Bb y G-F?

R.

C-D	(2M)	Intervalo inverso:	D-C (7m)	$2+7=9$
E-G	(3m)	Intervalo inverso:	G-E (6M)	$3+6=9$
F-Bb	(4J)	Intervalo inverso:	Bb-F (5J)	$4+5=9$
G-F	(7m)	Intervalo inverso:	2M (F-G)	$7+2=9$

2.2 Superposición de terceras para la formación de armonías

Una nota puede armonizarse al colocar sobre ella otra nota a un intervalo determinado. Anteriormente hemos visto varias posibilidades, desde intervalos de segunda hasta intervalos de trecena y catorcena; todos ellos pueden ser utilizados armónicamente. Sin embargo, hay ciertos intervalos que han adquirido una mayor importancia con el desarrollo de la técnica contemporánea, y que son fundamentales para entender el funcionamiento de la armonía tal como se utiliza en nuestros días.

El intervalo primario sobre el cuál se construye una armonía es el de tercera, la cuál puede ser mayor o menor.

Por ejemplo: la nota C puede armonizarse con su 3ra mayor colocando un E encima de esta, o bien con una 3ra menor colocando un E ♭ .

Sobre esta armonización se pueden ir sobreponiendo otras 3ras, tanto mayores como menores, lo que resulta en una estructura construida esencialmente con grados impares. Esto es así porque el intervalo de 3a. sobre la 3a. es en realidad un intervalo de 5ta sobre la nota raíz, y de forma sucesiva ocurren la 7a., la 9a., 11a. y finalmente la 13a. que es el último intervalo que puede añadirse (véase el ejemplo).

Nota C Armonizada con todas las 3ras superpuestas:

A	13a	*3M sobre la 11a*
F	11a	*3m sobre la 9a*
D	9a	*3m sobre la 7a*
B	7a	*3M sobre la 5ta*
G	5a	*3m sobre la 3a*
E	3a	*3M sobre la raíz*
C	nota raíz	

Al llegar a la 13a. ya no se continúan añadiendo más intervalos puesto que las notas empezarían a repetirse de nuevo.

Esta construcción básica, usualmente de 3 o más notas, puede tener tantas modificaciones como las que resulten de alterar cada uno de los grados que la integran excepto la raíz. Esto da origen a una cantidad considerable de combinaciones posibles, que llamamos acordes.

2.3 Formación y Clasificación de los Acordes

Un acorde es un conjunto de notas que tiene una función armónica, y que normalmente está conformado por intervalos de tercera superpuestos.

Clasificación

Los acordes pueden tener de 3 a 7 notas por lo general, una raíz y 2 o más notas que surgen de la escala de la propia raíz. Se clasifican de la siguiente manera:

Triadas   tienen 3 notas (raíz, 3a. y 5ta.)

Cuatriadas   tienen 4 notas (raíz, 3a. 5ta. y 7a.)

Quintíadas   tienen 5 notas (raíz, 3a. 5ta. 7a. y 9a.)

Sextíadas   tienen 6 notas (raíz, 3a. 5ta. 7a. 9a. y 11a.)

Septíadas   tienen 7 notas (raíz, 3a. 5a. 7a. 9a. 11a. y 13a.)

Tensiones de Acorde

Las notas 9a. 11a. y 13a. en un acorde, se denominan "tensiones", mientas que la raíz, 3ra., 5ta y 7ma son las notas básicas.

Estructura y Super-estructura de Acordes

En su conjunto, la raíz, 3a, 5ta y 7a, se les conoce como Estructura del Acorde, y a las tensiones: 9a, 11a y 13; se les denomina Super-Estructura. Es esencial entender que la función armónica de un acorde se determina en la estructura y no en la super-estructura. En este sentido la super-estructura es, más bien, algo complementario dentro de un acorde.

Cifrado del Acorde

Los acordes se escriben especificando una raíz (que puede ser cualquiera de las notas de la escala cromática) y un sufijo que determina las demás notas que integran el acorde.

La raíz del acorde es la nota principal sobre la cuál se añadirán las otras notas.

El sufijo busca definir cuáles son las otras notas que componen un acorde. Los sufijos más usados son lo siguientes: Mayor, Menor (m), Séptima (7), Mayor Séptima (maj7), Disminuido (dim), Suspendido (sus) y Adherido (add). Cada uno de ellos representa una estructura distinta de notas.

Uniendo sufijos con sus respectivas raíces tendremos finalmente los acordes cifrados, que seguramente has visto en más de algún libro, cancionero o sitio de internet (Cmaj7, G7, Am7, etc). Éstos representan todos los acordes que se tocan en una canción.

2.4 Acordes Triadas

Acorde Mayor

Un acorde mayor contiene dos intervalos de tercera, el primero 3M y sobre éste una 3m. Su estructura de grados resulta 1, 3, 5; es decir que se incluyen los grados 1, 3 y 5 de la escala mayor de la raíz.

Sufijo	Abreviatura	Grados	Intervalos
Mayor	M (u omitido)	1, 3, 5	3M, 3m

Por ejemplo, el acorde de C mayor se forma con las notas C, E, G porque esos son los grados 1, 3 y 5 en la escala de C (la raíz del acorde).

Se dice que la abreviatura de un acorde mayor está omitida, por lo que el cifrado de un acorde mayor es simplemente su raíz. Es decir, el cifrado del acorde C mayor es simplemente "C".

Acorde Menor

Un acorde menor contiene dos intervalos de tercera, el primero 3m y sobre éste una 3M. Su estructura de grados resulta 1, b3, 5.

Sufijo	Abreviaturas	Grados	Intervalos
Menor	m, -	1, ♭3, 5	3m, 3M

Por ejemplo, el acorde de C menor se forma con las notas C, Eb, G porque esos son los grados 1, b3 y 5 en la escala de C (la raíz del acorde). El cifrado sería "Cm" ó "C-".

Otros acordes triadas

Los siguientes acordes también contienen 3 notas, son bastante utilizados aunque en el estudio de la armonía contemporánea son menos importantes.

Sufijo	Abrev.	Grados	Intervalos
Disminuido	Dis, dim	1, ♭3, ♭5	3m, 3m
Aumentado	Aum, aug, +	1, 3, ♯5	3M, 3M
Suspendido 4	sus, sus4	1, 4, 5	4J, 2M
Suspendido 2	sus2	1, 2, 5	2M, 4J

En la práctica: Acordes Triadas

P. *Escriba las notas de los siguientes acordes cifrados: C, D, F, Em, Gm, B+*

R.

C	C, E, G	**F**	F, A, C	**Gm**	G, Bb, D
D	D, F#, A	**Em**	E, G, B	**B+**	B, D#, F#

2.5 Acordes Cuatriadas

Los principales acordes cuatriadas son el acorde siete o séptima (7), séptima mayor (maj7), menor siete (m7) y el menor 7 bemol quinta (m7b5) o semi-disminuido:

Sufijo	Abreviaturas	Grados	Intervalos
Séptima	7	1, 3, 5, ♭7	3M, 3m, 3m
Séptima mayor	maj7	1, 3, 5, 7	3M, 3m, 3M
Menor Séptima	m7, -7	1, ♭3, 5, ♭7	3m, 3M, 3m
Menor 7 bemol quinta	m7(♭5), -7♭5	1, ♭3, ♭5, ♭7	3m, 3m, 3M
Sexta	6	1, 3, 5, 6	3M, 3m, 2M
Menor Sexta	m6	1, ♭3, 5, 6	3m, 3M, 2m

Otros acordes cuatriadas son los siguientes:

Sufijo	Abreviaturas	Grados	Intervalos
Adherido 9a.	add9	1, 3, 5, 9	3M, 3m (+9na)
Menor 7ma. Mayor	mMaj7, -Maj7	1, ♭3, 5, 7	3m, 3M, 3M
Disminuido 7	dis7, dim7, °	1, ♭3, ♭5, 6 (♭♭7)	3m, 3m, 3m
Suspendido 7	7sus4	1, 4, 5, ♭7	4J, 2M, 3m

🎹 **En la práctica: Acordes Cuatriadas**

P. *Escriba las notas que componen los siguientes acordes cifrados: Cmaj7, D7, Fm7, Em7b5, G °, B7sus4*

R.

Cmaj7	C, E, G, B	Fm7	F, Ab, C, Eb	G °	G, Bb, Db, E
D7	D, F#, A, C	Em7b5	E, G, Bb, D	B7sus4	B, E, F#, A

2.6 Acordes con Tensiones

Los acordes con tensiones están en el orden de las quintíadas y más allá. Una forma de ver estos acordes es como cuatriadas enriquecidas, cuya función es equivalente al acorde que se forma con sus notas básicas.

Sufijo	Abreviaturas	Grados	Intervalos
Novena	9	1, 3, 5, ♭7, 9	3M, 3m, 3m, 3M
7, Bemol Novena	7(♭9)	1, 3, 5, ♭7, ♭9	3M, 3m, 3m, 3m
7 mayor, novena	maj9, maj7/9	1, 3, 5, 7, 9	3M, 3m, 3M, 3m
Séptima, Sostenido Nueve	7(#9) 7#9	1, 3, 5, 7♭, #9	3M, 3m, 3m, 4J
Menor 7, 9	m9, -7/9	1, ♭3, 5, ♭7, 9	3m, 3M, 3m, 3M
Oncena	11	1, 3, 5, ♭7, 9, 11 (*)	3M, 3m, 3m, 3M, 3m
Menor Oncena	m11, -11	1, ♭3, 5, ♭7, 9, 11 (*)	3m, 3M, 3m, 3M, 3m
7, 11 Sostenida	7(#11)	1, 3, 5, ♭7, #11 (*)	3M, 3m, 3m, 3M (+#11)
7 mayor, 11 sostenida	maj7(#11)	1, 3, 5, 7, #11 (*)	3M, 3m, 3M, 3m (#11)

Sufijo	Abreviaturas	Grados	Intervalos
Trecena	13	1, 3, 5, ♭7, 9, 11, 13 (*)	3M, 3m, 3m, 3M, 3m, 3M
Trecena Mayor	Maj13	1, 3, 5, 7, 9, 11, 13 (*)	3M, 3m, 3M, 3m, 3m, 3M
7, Trecena Bemol	7(♭13)	1, 3, 5, ♭7, ♭13 (*)	3M, 3m, 3m, (+b13)

(*) Algunas notas se pueden omitir de forma poco específica, por lo general 5as. y 9as. y algunas 11as en acordes 13a.

🎹 En la práctica: Acordes con tensiones

P. *Escriba las notas que componen los siguientes acordes cifrados: Cmaj9, D9, Fm9, E13*

R.

Cmaj9   *C, E, G, B, D*
D9   *D, F#, A, C, E*
Fm9   *F, Ab, C, Eb, G*
E13   *E, G#, B, D, F#, A, C#*

2.7 Inversiones de Acorde

Una inversión de acorde es un orden distinto de las notas que lo componen. Según la cantidad de notas que contenga un acorde pueden existir varias inversiones. Por ejemplo, un acorde de triada tiene una posición fundamental y dos inversiones. Véase el acorde de C mayor en sus posibles inversiones.

C   C   C
posición   1ra   2da
fundamental inversión   inversión

Así, la posición fundamental será el acorde con sus notas en orden desde el primer grado al quinto. La primera inversión consiste en empezar el acorde desde el tercer grado y de forma sucesiva el quinto y el primero. La segunda inversión consiste en empezar el acorde desde la quinta para luego añadir la raíz y el tercer grado.

Es importante aclarar que en la armonía contemporánea, las inversiones de acorde no afectan su función armónica, por lo que podemos darle un tratamiento similar a todas las inversiones como si se tratasen del mismo acorde.

Observe las inversiones del acorde cuatriada:

| Cmaj7 | Cmaj7 | Cmaj7 | Cmaj7 |
| posición fundamental | 1ra inversión | 2da inversión | 3ra inversión |

Voces y Acordes

Cuando existe un cambio de acorde, cada una de sus notas se convierte en una voz distinta, proveyendo al arreglo de 3 o más voces según la cantidad de notas que tenga cada acorde. En armonía contemporánea el movimiento de las voces es poco específico pero deben procurarse aquellas inversiones que propicien el menor desplazamiento de las voces y el mantenimiento de notas en común.

Por ejemplo observemos el siguiente cambio entre Cmaj7 y Fmaj7, y veamos cómo se ha preferido la segunda inversión del acorde Fmaj7. Así las voces inferiores se han mantenido en su lugar, mientras que las superiores se han desplazado apenas un tono hacia abajo.

Cmaj7   Fmaj7
posición fundamental   2da inversión

Hoja de Trabajo No.2

Ejercicio 1

Escriba el nombre del intervalo que se le presenta, debe tomar como base la nota inferior y su escala correspondiente. Indique grado del intervalo y cualidad.

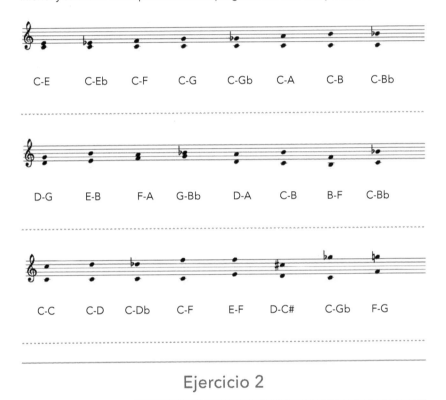

C-E   C-Eb   C-F   C-G   C-Gb   C-A   C-B   C-Bb

D-G   E-B   F-A   G-Bb   D-A   C-B   B-F   C-Bb

C-C   C-D   C-Db   C-F   E-F   D-C#   C-Gb   F-G

Ejercicio 2

Escriba el cifrado correspondiente a cada acorde. Todos los acordes están escritos en su posición fundamental, por lo que la raíz es la nota más baja escrita.

1.   2.   3.   4.   5.   6.   7.   8.

9.   10.   11.   12.   13.   14.   15.   16.

1. C, E, G _____   7. C, E, G, Bb, D, F _____   13. G, Bb, Db, E _____

2. C, Eb, G _____   8. C, E, G, Bb, D, F, A _____   14. Eb, G, B _____

3. C, Eb, Gb _____   9. D, F, A _____   15. A, D, E, G _____

4. C, E, G, Bb _____   10. D, F#, A, C _____   16. B, D, F, A _____

5. C, E, G, B _____   11. F, A, C, E _____

6. C, E, G, Bb, D _____   12. E, G, Bb _____

Ahora escriba usted las notas del acorde cifrado

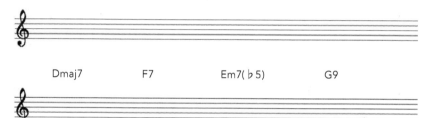

Dmaj7   F7   Em7(♭5)   G9

Fm7   Adis7   Bmaj7   Cmaj9(♯11)

3. LAS ESCALAS Y CÓMO ARMONIZARLAS

3.1 Escalas Diatónicas

El término <Diatónico> hace referencia a aquellas escalas que se forman en base a una sucesión melódica de intervalos de segundas mayores, con algunas menores, tal como sucede en la escala mayor. Este concepto por lo general se utiliza en contraposición con el termino <Cromático> que emplea únicamente 2das menores. También suele utilizarse para diferenciarse de lo <no diatónico>, que es cualquier nota o acorde que no pertenece a la estructura de la escala diatónica.

La escala diatónica más representativa es la escala mayor, pero también podemos incluir en esta categoría a las escalas menores y sus diferentes tipos (natural, armónica y melódica) que se estudian en la música clásica.

Modo mayor y menor

Los 2 modos de la música occidental son tradicionalmente el modo mayor y el modo menor. Esta diferencia se define en el tercer grado de una escala, también llamado *modal*. Si el tercer grado es mayor entonces el modo es mayor y si el tercer grado es menor o bemol, entonces el modo es menor.

Términos

Diatónico: Relacionado a la escala mayor o menor.

Cromático: Referente a estructuras basadas en intervalos de 2m

Mayor: Modo o escala que contiene una 3a. mayor

Menor: Modo o escala que contiene una 3a. bemol

3.2 Modos griegos

Los modos griegos o escalas modales se originan de la escala mayor. Estos surgen al tomar cualquiera de los grados de una escala mayor como grado 1 o tónica de una nueva escala, de lo que resultan 7 modos en total que son: jónico, dórico, frigio, lidio, mixolidio, eólico y locrio.

Modos originados a partir de la escala de C

C Jónico:	I	II	III	IV	V	VI	VII	VIII		
	C	D	E	F	G	A	B	C		

		I	II	III	IV	V	VI	VII	VIII	
D Dórico:		D	E	F	G	A	B	C	D	

		I	II	III	IV	V	VI	VII	VIII	
E Frigio:		E	F	G	A	B	C	D	E	

			I	II	III	IV	V	VI	VII	VIII
F Lidio:			F	G	A	B	C	D	E	F

			I	II	III	IV	V	VI	VII	VIII
G Mixolidio:			G	A	B	C	D	E	F	G

			I	II	III	IV	V	VI	VII	VIII
A Eólico:			A	B	C	D	E	F	G	A

				I	II	III	IV	V	VI	VII	VIII
B Locrio:				B	C	D	E	F	G	A	B

La tabla anterior nos sirve para comprender mejor la naturaleza de los mismos y su construcción de tipo diatónica. Sin embargo, el estudio de los modos debe hacerse en función de las alteraciones de grado que generan sobre sus respectivas tónicas. Esto es lo que les da su sonoridad específica, de lo contrario no podríamos diferenciarlos de las escalas mayores. A continuación veremos sus estructuras propias de grados e intervalos a partir de la tónica.

Modo Jónico

grados: 1, 2, 3, 4, 5, 6, 7

intervalos: 2M, 2M, 2m, 2M, 2M, 2M, 2m

Modo Dórico

grados: 1, 2, ♭3, 4, 5, 6, ♭7

intervalos: 2M, 2m, 2M, 2M, 2M, 2m, 2M

Modo Frigio

grados: 1, ♭2, ♭3, 4, 5, ♭6, ♭7

intervalos: 2m, 2M, 2M, 2M, 2m, 2M, 2M

Modo Lidio

grados: 1, 2, 3, #4, 5, 6, 7

intervalos: 2M, 2M, 2M, 2m, 2M, 2M, 2m

Modo Mixolidio

grados: 1, 2, 3, 4, 5, 6, ♭7

intervalos: 2M, 2M, 2m, 2M, 2M, 2m, 2M

Modo Eólico

grados: 1, 2, ♭3, 4, 5, ♭6, ♭7

intervalos: 2M, 2m, 2M, 2M, 2m, 2M, 2M

Modo Locrio

grados: 1, ♭2, ♭3, 4, ♭5, ♭6, ♭7

intervalos: 2m, 2M, 2M, 2m, 2M, 2M, 2M

Características de los Modos Griegos

Jónico: Al ser el primer modo de la escala mayor es idéntico a ésta.

Dórico: Se trata de un modo menor con la séptima alterada bemol.

Frigio: También es un modo menor, con una sonoridad muy oscura, por las múltiples alteraciones que contiene.

Lidio: Tiene una sonoridad muy brillante, es un modo mayor con la 4ta sostenida.

Mixolidio: Tiene la 7ma bemol, esta escala también es conocida como la escala dominante.

Eólico: Modo menor que también se conoce como Escala menor natural en tratados clásicos.

Locrio: Este modo menor tiene muchas alteraciones, lo que le hace sonar oscuro y disonante.

▥ En la práctica: Modos Griegos

P. ¿Qué notas llevaría el modo D lidio?

R.

Dado que lidio tiene los grados 1, 2, 3, #4, 5, 6, 7; D lidio lleva las notas

D, E, F#, G#, A, B, C#

Es decir, es similar a D mayor, salvo que el cuarto grado (G) es alterado un semitono arriba (G#)

P. ¿Qué notas llevaría el modo F eólico?
R.

Dado que Eólico tiene los grados 1, 2, ♭3, 4, 5, ♭6, ♭7, F eólico lleva las notas:

F, G, Ab, Bb, C, Db, Eb, F

3.3 Acordes Diatónicos

Anteriormente vimos que el término diatónico hace referencia a la escala mayor y su estructura de intervalos compuestos por 2das mayores y menores. De la misma manera, se dice que los acordes diatónicos son los que están relacionados a una escala mayor o a su estructura. Estos se consiguen al armonizar una escala superponiendo terceras mayores y menores sobre cada una de sus notas, observando que los acordes resultantes contengan únicamente notas diatónicas o de la escala.

Acordes Diatónicos

Pueden tratarse de acordes mayores, menores o disminuidos, según sus intervalos de terceras superpuestas nos permitan permanecer en la escala diatónica.

Por ejemplo: Si vamos a armonizar la escala de C vamos a superponer intervalos de tercera sobre cada una de sus siete notas (C, D, E, F, G, A y B); el resultado será un conjunto de 7 acordes, uno por cada nota. Pero, ¿cómo podemos definir el tipo de cada uno de estos acordes, dado que podemos elegir entre diferentes construcciones (maj7, 7, m7, etc)? Pues bien, esto se logra utilizando solamente acordes que nos hagan mantener dentro de las notas de la escala; es decir, dado que la escala de C no contiene ninguna alteración, tampoco sus acordes diatónicos tendrán alteraciones. Esto resultará en una combinación de acordes tanto mayores, como menores y de otros tipos según la cantidad de notas empleadas.

🎹 En la práctica: Acordes Diatónicos

P. Si queremos construir un acorde diatónico para el sexto grado en D mayor ¿Qué acorde resultaría y qué notas llevaría?

R. Para construir un acorde diatónico sobre el sexto grado de la escala de D mayor debemos utilizar la triada que contenga solamente notas de la escala de D:

D, E, F♯, G, A, B, C♯

El sexto grado es B, que será la raíz del acorde, y sus terceras superpuestas resultantes serán las siguientes:

F#	*3M sobre la 3a.*
D	*3m sobre la raíz*
B	*raíz del acorde*

La estructura 3m, 3M es propia de un acorde menor, es decir que el resultado será ***Bm***.

Concluiremos lo mismo si analizamos los grados del acorde: 1, ♭ 3, 5.

Acordes Diatónicos de Triada

Para comprender la armonización de una escala con sus acordes de triada tomemos como ejemplo la escala de C.

Triadas Diatónicas de la Escala de C

Lo único que hemos hecho es añadir notas a intervalos de tercera sobre cada una de las siete notas de la escala, teniendo cuidado de no añadir ninguna nota que no sea parte de dicha escala. El resultado es una serie de acordes, algunos mayores y otros menores, incluso uno disminuido (C, Dm, Em, F, G, Am y Bdis).

Dado que todas las escalas mayores poseen la misma estructura de intervalos, podemos inferir una fórmula aplicable a todas las escalas:

Acordes Diatónicos de Triada de una Escala Mayor

I	IIm	IIIm	IV	V	VIm	VIIdis

Esta es la fórmula general para armonizar una escala mayor con acordes triadas.

🎹 En la práctica: Triadas Diatónicas

P. ¿Qué acordes resultarían de armonizar la escala de D mayor?

R.

Basándonos en la estructura I, IIm, IIIm, IV, V, VIm, VIIdis, que vimos anteriormente, reemplazamos cada uno de los grados por las notas de la escala de D, y nos resultan lo siguientes acordes:

D, Em, F♯m, G, A, Bm, C♯dis

Acordes Diatónicos de Cuatriada

Así como lo hemos hecho con las triadas, ahora lo haremos con las cuatriadas, resultándonos una serie de acordes que tienen notas de una única escala. Las cuatriadas diatónicas que pueden resultar son: séptima mayor (Maj7), menor séptima (m7), séptima (7) o menor séptima bemol quinta (m7 ♭ 5), según sus intervalos nos permitan mantenernos dentro de la escala diatónica.

Acordes Diatónicos de cuatriada de la Escala de C:

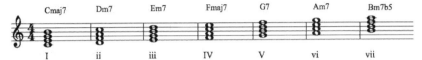

De la misma manera que con las triadas, podemos inferir una fórmula para toda escala que queramos armonizar con cuatriadas:

Cuatriadas Diatónicas de una Escala Mayor
Imaj7   IIm7 IIIm7   IVMaj7   V7   VIm7   VIIm7b5

▥ En la práctica: Cuatriadas Diatónicas

P. ¿Qué acordes resultarían de armonizar la escala de E mayor con cuatriadas?

R.
Basándonos en la estructura Imaj7, IIm7, IIIm7, IVmaj7, V7, VIm7, VIIm7b5, que vimos anteriormente, reemplazamos cada uno de los grados por las notas de la escala de E, y nos resultan lo siguientes acordes:

Emaj7, F♯m7, G♯m7, Amaj7, B7, C♯m7, D♯m7(b5)

▥ En la práctica: Cuatriadas Diatónicas

P. Si queremos construir acorde diatónico sobre el quinto grado de F mayor ¿Qué acorde sería y qué notas llevaría?

R. Para formar un acorde diatónico sobre el quinto grado de F mayor tomemos en cuenta la escala de F: F, G, A, B ♭ , C, D, E

El quinto grado de F es C, que será la raíz del acorde, y sus terceras superpuestas resultantes serán las siguientes:

B♭	*3m sobre la 5a.*
G	*3m sobre la 3a.*
E	*3M sobre la raíz*
C	*raíz del acorde*

La estructura 3M, 3m, 3m es propia de un acorde séptima, por lo tanto el resultado es **C7**.

Concluiremos lo mismo si analizamos los grados del acorde: 1, 3, 5 y ♭7.

Triadas y Cuatriadas Diatónicas de la Escala Menor

Al igual que lo hicimos sobre la escala mayor, las triadas y cuatriadas diatónicas de una escala menor natural resultarían de la siguiente manera:

Im	IIdis	bIII	IVm	Vm	bVI	bVII
Im7	IIm7b5	bIIImaj7	IVm7	Vm7	bVIMaj7	bVII7

En armonía clásica se suele estudiar por separado la escala menor armónica, de la cuál provienen los acordes V y V7. Para efectos prácticos, podemos simplemente sustituir este acorde dentro de nuestra estructura de acordes, lo que nos resultaría en lo siguiente:

Im	IIdis	bIII	IVm	V*	bVI	bVII
Im7	IIm7b5	bIIImaj7	IVm7	V7*	bVIMaj7	bVII7

*V y V7 provienen de la escala menor armónica.

Triadas y Cuatriadas Diatónicas de los Modos

Las triadas y cuatriadas diatónicas también se pueden construir sobre cada uno de los modos, resultando las siguientes fórmulas:

Jónico:

I	IIm	IIIm	IV	V	VIm	VIIdis
Imaj7	IIm7	IIIm7	IVmaj7	V7	VIm7	VIIm7b5

Dórico

Im	IIm	bIII	IV	Vm	VIdis	bVII
Im7	IIm7	bIII Maj7	IV7	Vm7	VIm7b5	bVIImaj7

Frigio

Im	bII	bIII	IVm	Vdis	bVI	bVIIm
Im7	bIIVMaj7	bIII7	IVm7	Vm7b5	bVImaj7	bVIIm7

Lidio

I	II	IIIm	#IVdis	V	VIm	VIIm
IMaj7	II7	IIIm7	#IVm7b5	Vmaj7	VIm7	VIIm7

Mixolidio

I	IIm	IIIdis	IV	Vm	VIm	bVII
I7	IIm7	IIIm7b5	IVmaj7	Vm7	VIm7	bVIIMaj7

Eólico

Im	IIdis	bIII	IVm	Vm	bVI	bVII
Im7	IIm7b5	bIIImaj7	IVm7	Vm7	bVIMaj7	bVII7

Locrio

Idis	bII	bIIIm	IVm	bV	bVI	bVIIm
Im7b5	bIImaj7	bIIIm7	IVm7	bVMaj7	bVI7	bVIIm7

3.4 Tensiones Diatónicas

Los grados 1, 3 y 5 de la triada y el 7 de la cuatriada son los que definen una armonía (estructura). Sin embargo los grados 9, 11 y 13 (super estructura) pueden aportar más color al arreglo armónico y enriquecerlo.

Estos grados se denominan tensiones de acorde y se les da un tratamiento distinto.

Las tensiones de acorde pueden utilizarse para construir acordes diatónicos siguiendo las siguientes reglas:

- La novena no está disponible para los acordes de III y VII grado

- La oncena no está disponible para los acordes de I y V grado

- La trecena no está disponible en acordes menores

Estas reglas obedecen a que no se considera disponible una nota que se encuentre una novena menor por encima de alguna de las notas de la triada principal.

Por ejemplo, F no está disponible en el acorde de C mayor porque hace una novena menor sobre la nota E.

Tensiones diatónicas

Algunas tensiones no se consideran disponibles para ser utilizadas en acordes diatónicos.

Por lo general una tensión se considera no disponible cuando se encuentra una 9m por encima de alguna de las notas de la triada principal.

Por ejemplo: la 11 no está disponible en el acorde de primer grado puesto que forma un intervalo de 9m sobre la tercera del acorde:

Triada básica de C= C, E, G
11a= F
Intervalo entre E y F= 9m

Acordes diatónicos resultantes del uso de tensiones sobre una escala mayor:

	I	II	III	IV	V	VI	VII
Quin-tíadas	maj9	m9	- - -	maj9	9	m9	- - -
Sex-tíadas	- - -	m11	m7 (11)	maj7 (#11)	- - -	m11	- - -
Sep-tíadas	maj13*	- - -	- - -	maj13 (#11)	13	- - -	- - -

*Omítase la 11na

3.5 Análisis Armónico

El análisis armónico es una técnica que nos permite comprender y explicar los acordes presentes en una canción. Es de enorme utilidad adquirir una visión profunda y analítica sobre un tema musical, así podemos ver con mayor claridad cómo se ven las técnicas de armonización aplicadas en el mundo real, aparte de los ejercicios.

Para realizar un análisis armónico, utilizaremos los siguientes pasos teniendo a la mano la partitura que queramos analizar:

1. **Identifique el centro tonal y la tonalidad:** El centro tonal es el primer grado de la escala principal de una canción, y la tonalidad es todo el sistema que se construye con esa escala base, y que incluye a la melodía y acordes disponibles para armonizar. Aunque en una canción pueden haber muchas escalas, el oído siempre toma como referencia una escala en particular, para comprender todo el arreglo. ¿Cómo se determina el centro tonal y la tonalidad? Considerando los acordes presentes en la canción, puesto que en su mayoría coinciden con una estructura Imaj7 - IIm7 - IIIm7 - IVmaj7 - V7 - VIm7 - VIIm7b5, para una tonalidad mayor, o: Im7 - IIm7b5 - bIIImaj7 - IVm7 -V7 - bVIMaj7 - bVII7 para una tonalidad menor. Conforme gane experiencia le será fácil reconocer una tonalidad con solo ver algunos de los acordes presentes. De momento, la tonalidad siempre se indicará cuando vayamos a realizar un ejercicio.

2. **Coloque los grados sobre cada uno de los acordes cifrados.** Coloque sobre cada acorde el grado correspondiente en números romanos, usando minúsculas para cualquier acorde de tipo menor o disminuido, y mayúsculas para cualquier acorde de tipo mayor, 7 o maj7. Debe tomar en cuenta que si la triada o cuatriada no coincide con las características del acorde en la fórmula, entonces no se trata de un acorde diatónico y no se puede analizar como tal, para ello, aún nos hace falta aprender los casos en que se usan acordes No Diatónicos (capítulos del 5 en adelante).

🎹 En la práctica: Análisis Armónico

P. *Analice el siguiente fragmento en C mayor:*

R.

Basándonos en la estructura *Imaj7 - IIm7 - IIIm7 - IVmaj7 - V7 - VIm7 - VIIm7b5* para *C mayor: Cmaj7 - Dm7 - Em7 - Fmaj7 - G7 - Am7 - Bm7b5*, hemos identificado en este orden al acorde de segundo grado (ii), quinto grado (V), primer grado (I), cuarto grado (IV) y séptimo grado (vii) por lo que colocamos sus respectivos grados con mayúsculas y minúsculas según el tipo de acorde. Para el acorde E7, dado que no es posible identificarlo dentro de la estructura, le colocaremos "N.D." (No diatónico), pero de forma provisoria, pues más adelante tendremos que encontrar una explicación razonable para este acorde.

Hoja de Trabajo No. 3

Ejercicio 1

Se le piden los 7 modos en diferentes tonalidades. Escriba las notas que lo componen. Básese en las alteraciones de grado o intervalos de cada modo, no utilice armaduras.

Modos Mayores:

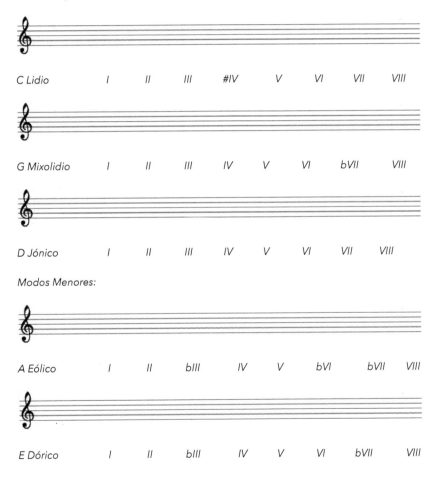

C Lidio   I   II   III   #IV   V   VI   VII   VIII

G Mixolidio   I   II   III   IV   V   VI   bVII   VIII

D Jónico   I   II   III   IV   V   VI   VII   VIII

Modos Menores:

A Eólico   I   II   bIII   IV   V   bVI   bVII   VIII

E Dórico   I   II   bIII   IV   V   VI   bVII   VIII

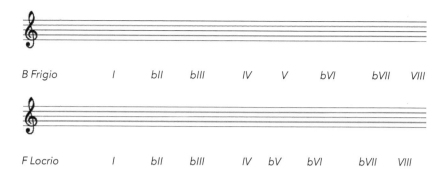

B Frigio	I	bII	bIII	IV	V	bVI	bVII	VIII

F Locrio	I	bII	bIII	IV	bV	bVI	bVII	VIII

Ejercicio 2

Análisis armónico: A continuación se presentan algunos fragmentos de estándares de jazz. Analice cada uno de sus acordes y diga si son diatónicos, si lo son escriba el grado al que corresponden sobre el cifrado del acorde en la partitura, y si no lo son coloque N.D. <No diatónico>. En una composición pueden haber solamente acordes diatónicos como también otros que no lo son. En las lecciones siguientes se profundizará acerca de los acordes no diatónicos.

Fragmento 1 en C mayor. [ver Figura 1]

Figura 1. Alice in Wonderland (Fragmento). En *The Real Book (6ta Edición): Hal Leonard Corporation. p.17*

Fragmento 2 en E menor. [*ver Figura 2*]

Figura 2. Autumn Leaves (Fragmento). En *The Real Book (6ta Edición): Hal Leonard Corporation. p.39*

4. FUNCIONES ARMÓNICAS

4.1 Grados de la Escala Diatónica

En teoría musical las notas de una escala se denominan de la siguiente manera:

- I (primer grado): tónica

- II (segundo grado): supertónica

- III (tercer grado): mediante <también llamada modal>

- IV (cuarto grado): subdominante

- V (quinto grado): dominante

- VI (sexto grado): superdominante o submediante

- VII (séptimo grado): sensible (en la escala diatónica mayor) o subtónica (en la escala diatónica menor).

Grados tonales

Los grados tonales definen la tonalidad y se consideran invariables puesto que tanto en la escala diatónica mayor como en la escala diatónica menor estos deben hacer intervalos justos con la tónica.

Los grados tonales son I, IV y V, es decir: tónica, subdominante y dominante.

Para comprender mejor la dinámica de los grados tonales imagine una canción donde están presentes las notas C, F y G como raíces de acordes. Dado que son los grados tonales de C, se supone que la tonalidad es, en efecto, C.

Para determinar si la tonalidad es mayor o menor tendríamos que recurrir a los grados modales.

Grados modales

Los grados modales definen el modo, y se consideran variables.

Los grados modales son II, III, VI, VII; supertónica, mediante, submediante y sensible o subtónica.

En específico, la mediante o también llamada "modal" es la que definirá si se trata de una tonalidad mayor o menor. Por ejemplo, un Eb en conjunto con las notas C, F y G como raíces de acordes, determinará la tonalidad en C menor.

4.2 Funciones Armónicas

Los acordes en una tonalidad tienen una función según la sensación que producen en el oyente. Estas funciones tonales de acordes son 3: Tónica, Subdominante y Dominante, y toman su nombre de los mismos grados tonales.

Un acorde con función tonal tónica es un acorde que produce sensación de reposo y conclusión <consonancia>.

Un acorde con función tonal dominante es un acorde tenso <disonancia>, que para resolver su tensión necesita ir después hacia un acorde tónica.

Funciones de Acordes

....

Acorde con función Tónica:

- Son los que no contienen al IV grado.

Acorde con función Subdominante:

- Son los que contienen al IV grado pero no al VII

Acorde con función Dominante:

- Son los que contienen al IV grado y VII grado.

Un acorde con función tonal subdominante es un acorde que no es tenso ni de reposo, mas bien es de transición y requiere ir seguido de un acorde ya sea de tónica o dominante para resolver su indeterminación.

Por lo tanto en un arreglo de acordes estos suelen moverse de la siguiente manera [Figura 3]:

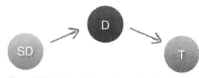

Figura 3. Movimiento de los acordes según su función

De un acorde subdominante hacia un acorde dominante, y de un acorde dominante hacia un acorde tónica. De la tónica, usualmente volvemos al subdominante y el ciclo empieza de nuevo.

Pero también pueden moverse según el siguiente diagrama [Figura 4]:

De tónica a subdominante y viceversa,

De tónica a dominante y viceversa.

De subdominante a dominante

El movimiento de dominante a subdominante es poco usual y si se hace es porque se va a volver de nuevo al dominante.

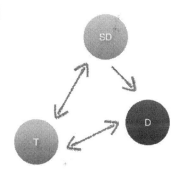

Figura 4. Movimientos usuales de los acordes según su función.

Funciones armónicas de acordes diatónicos

Para determinar la función de un acorde se debe tomar en cuenta primeramente el grado sobre el cuál esta construido. El acorde de I grado tiene función de tónica, el acorde de IV grado tiene función de subdominante y el acorde de V grado tiene función de dominante por estar construidos sobre los mismos grados tonales (tónica, subdominante y dominante).

Para los demás casos observe las notas principales del acorde (triadas y cuatriadas) exceptuando tensiones, y tenga en cuenta los grados 4 y 7 de la escala principal de la tonalidad:

1. Si el acorde no tiene el grado 4 de la escala, es un acorde con función tónica.

2. Si el acorde tiene el grado 4 pero no el 7 es un acorde con función subdominante.

3. Si el acorde tiene el grado 4 y el grado 7 es un acorde con función dominante.

Esto nos lleva a la siguiente tabla de acordes:

Funciones de Acordes en Tonalidad Mayor

Acorde	Función	Grados de la escala
Imaj7	Tónica	1, 3, 5, 7
IIm7	Subdominante	2, **4**, 6, 1
IIIm7	Tónica	3, 5, 7, 2
IVmaj7	Subdominante	**4**, 6, 1, 3
V7	Dominante	5, **7**, 2, **4**
VIm7	Tónica	6, 1, 3, 5
VIIm7b5	Dominante	**7**, 2, **4**, 6

Los acordes de triada tienen las mismas funciones que sus equivalentes cuatriadas.

El acorde V7 es el acorde que mejor cumple la función dominante, puesto que tiene su raíz en el quinto grado (dominante) de la escala y además posee los grados 4 y 7. Por tal razón a los acordes séptima usualmente se les denomina acordes dominantes de forma generalizada.

Funciones armónicas de acordes de la escala menor

En la escala diatónica menor (escala menor natural o modo eólico) las funciones armónicas son muy similares con la adición de la función Subdominante Menor y reemplazando la función Tónica por Tónica Menor.

1. Si el acorde no tiene el grado 4 y el b6 de la escala, es un acorde con función Tónica Menor.

2. Si el acorde tiene el grado 4 pero no el b6 ni el 7 es un acorde con función Subdominante.

3. Si el acorde contiene el grado b6 pero no el 7, es un acorde con función Subdominante Menor

4. Si el acorde tiene el grado 4 y el grado 7 es un acorde con función dominante.

La única excepción es que para que el acorde de V grado cumpla su función de dominante, este debe cambiarse a un acorde 7. Por ejemplo, en tonalidad de A menor los acordes deberían ser de acuerdo a la fórmula:

Im7	IIm7b5	bIIImaj7	IVm7	Vm7	bVIMaj7	bVII7
Am7	Bm7b5	Cmaj7	Dm7	Em7	Fmaj7	G7

pero el quinto grado, al ser un acorde menor no puede cumplir su función de dominante. En lugar de ello, se coloca un acorde 7 (también llamado dominante):

Im7	IIm7b5	bIIImaj7	IVm7	**V7**	bVIMaj7	bVII7
Am7	Bm7b5	Cmaj7	Dm7	**E7**	Fmaj7	G7

59

Funciones de acordes en Tonalidad Menor

Acorde	Función	Grados de la escala
Im7	Tónica Menor	1, b3, 5, b7
IIm7b5	Subdominante Menor	2, **4**, **b6**, 1
bIIImaj7	Tónica Menor	b3, 5, b7, 2
IVm7	Subdominante Menor	**4**, **b6**, 1, b3
V7	Dominante	5, **7**, 2, **4**
bVImaj7	Subdominante Menor	**b6**, 1, b3, 5
bVII7	Subdominante Menor	b7, 2, **4**, **b6**

🎹 En la práctica: Funciones Armónicas

P. ¿En la tonalidad de D mayor el acorde Em7 qué función tiene?

R. Dado que el acorde Em7 es el acorde de segundo grado en D mayor, la función es Subdominante Menor; además, el acorde Em contiene las notas E, G, B, D, es decir los grados 2, 4, b6 y 1 en la escala de D. Al contener el b6 y no el 7 es Subdominante Menor.

Hoja de Trabajo No. 4

En este laboratorio nos enfocaremos en realizar más ejemplos de análisis armónico. Esto nos hará comprender de mejor manera la estructura de acordes de cualquier canción. Como en los ejercicios anteriores deberá colocar "N.D." sobre los acordes no diatónicos y el grado correspondiente a los acordes diatónicos. Además de ello, en este ejercicio debemos añadir las funciones armónicas, escriba (T), (SD) o (D) según el acorde tenga función de Tónica (menor), Subdominante (menor) o Dominante.

Recuerde que para que un acorde sea considerado diatónico, debe observar no solo la raíz sino también el sufijo del acorde, pues la triada o cuatriada básica debe contener únicamente notas diatónicas.

Ejemplo 1: Black Orpheus (A menor). [ver Figura 5]

Figura 5. Black Orpheus (Fragmento). En *The Real Book (6ta Edición): Hal Leonard Corporation. p.49*

Ejemplo 2: Autumn Leaves (E menor). [ver Figura 6]

Figura 6. Autumn Leaves (Fragmento). En *The Real Book (6ta Edición): Hal Leonard Corporation. p.39*

Ejemplo 3: Misty (Eb mayor). [ver Figura 7]

Figura 7. Misty (Fragmento). En *The Real Book (6ta Edición): Hal Leonard Corporation. p.277*

Ejemplo 4: Alice in Wonderland (C mayor). [*ver Figura 8*]

Figura 8. Alice in Wonderland (Fragmento). En *The Real Book (6ta Edición): Hal Leonard*

5. TRITONO Y DOMINANTE

5.1 Tritono

Utilizamos este término para referirnos a un intervalo armónico de 3 tonos. Los intervalos de 3 tonos son de forma general el intervalo de cuarta aumentada y el de quinta disminuida. El tritono es el único intervalo que al ser añadido a otro tritono completa una octava perfecta. Por ejemplo:

C + Tritono = **G** ♭ + Tritono = **C** (Octava)

3T   + 3T   = 6T

El tritono es un intervalo armónico muy disonante que necesita resolver hacia otro intervalo. Esta resolución le da al tritono una gran importancia en la armonía moderna.

Resolución del tritono

Para resolver la inestabilidad del tritono, éste necesita ir hacia otro intervalo más estable. Por norma general, esta resolución se da en movimiento contrario, es decir que ambas notas (voces) se moverán en dirección opuesta un semitono hacia arriba y abajo respectivamente. El intervalo resultante es una tercera mayor.

Por ejemplo: El tritono B - F comúnmente resuelve hacia C -E

Un tritono también puede resolver hacia un intervalo de tercera menor si una de sus voces desciende un tono completo, pero esta no es la resolución tritonal perfecta.

El tritono B - F también puede resolver hacia C -E♭ si la voz superior desciende un tono completo.

Existen otras resoluciones posibles del tritono, sin embargo empezaremos por asimilar las anteriores para poderlas aplicar.

5.2 El Tritono del acorde dominante

El acorde dominante (V7) posee un intervalo de tritono entre su tercera y séptima. En el ejemplo veremos un acorde G7 que es el dominante del acorde C mayor.

Acorde G7: Posee un tritono (B - F). Como vimos en el ejemplo anterior, este tritono puede resolver por movimiento contrario hacia C - E que es parte del acorde de C mayor.

Resoluciones tritonales del dominante

Si el tritono del acorde G7 se resuelve y se mantiene la nota sol, tendremos una progresión V7-I que es el tipo de resolución más común en la armonía moderna. El acorde de resolución es C en segunda inversión.

Esta resolución también es posible si en vez de ir hacia el acorde diatónico de grado I se va hacia el acorde VIm (V7-VIm), puesto que este acorde también posee el intervalo C - E.

Cuando el tritono resuelve una de sus voces en un tono descendente el resultado es un acorde menor.

Esta resolución es típica de las tonalidades menores (V7 - Im), sin embargo puede mejorarse mediante el uso de tensiones, para permitir únicamente movimientos de semitono. Estudiaremos este caso más adelante.

Resoluciones tritonales del acorde VIIm7 ♭ 5

El acorde VIIm7 ♭ 5 también tiene función de

dominante, este acorde tiene el mismo tritono y la misma resolución. (VIIm7b5 - I)

Y por lo tanto también se puede resolver hacia el VIm (VIIm7b5 - VIm)

Resolución Tritonal
....

Los acordes de Dominante V7 poseen un intervalo de tritono (3T) entre sus grados 3 y 7.

Un dominante V7 resuelve típicamente al acorde de grado I mayor o menor, pero también puede resolver al grado VI

Los acordes de VIIm7b5 poseen un intervalo de tritono (3T) entre sus grados 1 y 5. No son acordes dominantes pero tienen función dominante.

Un acorde de VIIm7b5 resuelve típicamente al acorde de grado I mayor, pero también puede resolver al grado VI

5.3 Dominantes Primarios y Secundarios

Dominante Primario

El dominante primario es un acorde que resuelve en quinta justa hacia el acorde diatónico de primer grado.

V7 → I   (Tonalidad mayor)
V7 → Im   (Tonalidad menor)

A esta resolución se le conoce como Cadencia Perfecta.

Dominante Secundario

Un dominante también puede resolver hacia otro acorde que no sea el acorde diatónico de primer grado. A este caso se le conoce como dominante secundario.

El dominante secundario es un acorde que resuelve en quinta justa descendente hacia un acorde que no sea el acorde de primer grado. Cuando esto ocurre, el resultado será siempre un acorde "No diatónico" para la tonalidad central.

Observe la siguiente progresión:

I   ?   VIm
C →   E7 →   Am

Aquí se da el caso de un dominante que resuelve hacia un acorde de sexto grado. En efecto E7 resuelve en quinta justa hacia Am, es decir es el V7 de Am, sin embargo la tonalidad es C.

Los acordes diatónicos de C excluyen a E7. Repasemos los acordes diatónicos de C (donde E se armoniza con un acorde menor Em):
Triadas diatónicas de C:
C, Dm, Em, F, G, Am, Bdis

Cuatriadas diatónicas de C:
Cmaj7, Dm7, Em7, Fmaj7, G7, Am7, Bm7b5

Dominantes Secundarios

Los dominantes primarios por lo general resuelven hacia el acorde diatónico de primer grado. Sin embargo cuando resuelven hacia otro acorde en quinta justa descendente, se les denomina Dominantes Secundarios.

Ejemplos:

I	V7/III	IIIm
C →	B7 →	Em

I	V7/IV	IVmaj7
C →	C7 →	Fmaj7

I	V7/II	IIm
C →	A7 →	Dm

I	V7/V	V
C →	D7 →	G

Im	V7/III	III
Cm →	Bb7 →	Eb

Todos los dominantes secundarios son diatónicos para la nota a la que resuelven, pero son no diatónicos para la tonalidad principal de una canción.

Cuando esto ocurre el análisis armónico debe cifrarse en función del acorde al que se pretende resolver, en este caso como es un dominante que resuelve al sexto grado, debería analizarse con la siguiente notación: V7/ VI (que quiere decir V7 del VI). Es decir:

I	V7/VI	VIm
C →	E7 →	Am

Los acordes dominantes secundarios entonces, pueden ser los siguientes:

V7 / II
V7 / III
V7 / IV
V7 / V
V7 / VI
V7 / VII   (no es un acorde común)

Todos estos son acordes no diatónicos para la tonalidad principal en la que se encuentran. Sin embargo pueden ser considerados diatónicos del acorde al que resuelven.

Dominantes Secundarios de la tonalidad C mayor
....

A7	V7 de Dm
B7	V7 de Em
C7	V7 de F
D7	V7 de G
E7	V7 de Am

Note que todas las raíces de los acordes pertenecen a la escala de C. Los dominantes secundarios no son diatónicos, pero tienen raíces diatónicas.

🎹 En la práctica: Dominantes Secundarios

P. Suponga una tonalidad de Eb mayor y queremos resolver hacia el acorde de Fm utilizando un dominante secundario, ¿Cuál es el acorde a utilizar?

R.

I	V7/II	IIm
Eb →	C7 →	Fm

El acorde es C7 que resuelve en quinta justa descendente hacia Fm, y se analiza V7/II por cuanto Fm es el segundo grado de la tonalidad.

5.4 Análisis de Dominantes

El análisis de los dominantes, tanto primarios como secundarios suele acompañarse de una flecha para evidenciar su resolución tritonal hacia el siguiente acorde.

Por ejemplo:

V7   I

G7   Cmaj7

Intente hacerlo en todos sus análisis de ahora en adelante para poder hacer una gráfica más clara de lo que está sucediendo en el arreglo armónico.

Nótese que el cifrado del acorde en Armonía Moderna no especifica la inversión del mismo. En realidad, las inversiones no son del todo irrelevantes desde el punto de vista armónico, pues como hemos visto la resolución tritonal tiene sus movimientos específicos. Sin embargo, por lo general, se omite esta información pues cada instrumento suele tocar las inversiones correctas de forma implícita. La regla básica y universal para el uso de inversiones específica que se deben mantener notas comunes siempre que sea posible entre acorde y acorde, y asegurar el desplazamiento mínimo entre cada una de sus voces, de esta manera podremos asegurarnos que las inversiones son coherentes con el arreglo armónico.

Hoja de Trabajo No. 5

Ahora vamos a trabajar el análisis armónico de los primeros acordes no diatónicos, en específico los acordes dominantes secundarios vistos en la lección.

Se le pide encontrar dominantes secundarios en los siguientes fragmentos (vistos en la hoja de trabajo no. 4) Puede señalarlos con un lápiz encima de la partitura, indicando el análisis respectivo, por ejemplo V7 / II.

Ejemplo 1: Misty (Eb mayor). [*ver Figura 9*]

Figura 9. Misty (Fragmento). En *The Real Book (6ta Edición): Hal Leonard Corporation. p.277*

Ejemplo 2: Alice in Wonderland (C mayor). [*ver Figura 10*]

Figura 10. Alice in Wonderland (Fragmento). En *The Real Book (6ta Edición): Hal Leonard*

70

6. PROGRESIÓN II-V7-I

La progresión II-V7-I (2, 5, 1) es una construcción fundamental por su amplia utilización en el jazz y otros géneros contemporáneos, y merece ser estudiada de forma particular. Por eso, en esta lección exploraremos algunas de las posibilidades que ofrece esta progresión.

6.1 Progresión II-V7-I Primaria

Dados los acordes diatónicos de una tonalidad, la progresión II-V7-I primaria es aquella que ocurre al sucederse los acordes de segundo, quinto y primer grado. Por ejemplo:

La progresión II-V7-I de la tonalidad de C resulta con los siguientes acordes:

II	V7	I
Dm7	G7	Cmaj7

En ocasiones esta progresión se puede cifrar ii-V7-I para realzar la característica menor del acorde de segundo grado, o bien ii-V7-i si resuelve a un acorde menor. Esta progresión es muy común en el jazz, debido a las funciones de sus acordes que permiten ir de un acorde subdominante a un dominante y finalmente resolver en tónica.

Inversiones del 2-5-1

En cuanto a las inversiones de la progresión 2-5-1, éstas suelen intercalarse entre la primera y tercera, o entre posición fundamental y segunda para favorecer el movimiento mínimo de sus voces.

Dm7 — p.fund   G7 — 2a.inv   Cmaj7 — p.fund.

Dm7 — 1a.inv   G7 — 3a.inv   Cmaj7 — 1a.inv.

6.2 Progresión II-V7-I Secundaria

Una progresión II-V7-I secundaria es aquella que resuelve hacia cualquier acorde que no sea el primer grado de la tonalidad. Este tipo de progresión requiere la utilización de acordes no diatónicos, por lo que el análisis debe realizarse especificando la función secundaria de éstos acordes. Por ejemplo, algunos tipos de progresiones II-V7-I secundarias son:

- II/II   V7/II   II   (resuelve hacia el segundo grado)

- II/III   V7/III   III   (resuelve hacia el tercer grado)

- II/IV   V7/IV   IV   (resuelve hacia el cuarto grado)

- II/V   V7/V   V   (resuelve hacia el quinto grado)

- II/VI   V7/VI   VI   (resuelve hacia el sexto grado)

- II/VII   V7/VII   VII   (resuelve hacia el séptimo grado)

Suponga una tonalidad de D mayor con sus acordes diatónicos:

I	II	III	IV	V	VI	VII
Dmaj7	Em7	F#m7	Gmaj7	A7	Bm7	C#m7♭5

Y se encuentra la siguiente progresión:

Dmaj7	Am7	D7	Gmaj7

Al realizar el análisis nos damos cuenta que los únicos acordes diatónicos son Dmaj7 y Gmaj7 (I y IV grado) pero Am7 y D7 son acordes no diatónicos. Estos acordes se asemejan a una progresión II-V7-I secundaria, pero antes de llegar a esta conclusión debemos observar lo siguiente:

1. El acorde dominante es el V7 del acorde siguiente (Gmaj7), es decir, es su dominante secundario.

2. El acorde menor es el subdominante del V7, (el segundo grado de Gmaj7).

Como se cumplen las características anteriores, el análisis puede concluir de la siguiente manera:

I	II/IV	V7/IV	IV
Dmaj7	Am7	D7	Gmaj7

El análisis se hace en función al IV grado, dado que esta es la posición de Gmaj7 en la tonalidad de D mayor. Normalmente se añade un corchete por debajo del acorde de segundo grado, y además la flecha del dominante hacia su resolución.

▥ En la práctica: Progresión 2-5-1 Secundaria

P. Suponga una tonalidad de E mayor, y queremos resolver al cuarto grado usando una progresión ii-V-I secundaria ¿Qué acordes usaríamos?

R. Bm7, E7, Amaj7

6.3 Resolución tritonal del dominante hacia un acorde menor

Cuando un tritono resuelve hacia un acorde menor en quinta justa descendente, una de sus voces debe moverse un tono completo mientras que la otra voz lo hace en semitono. Tal como pudimos observar en el ejemplo visto anteriormente:

Observe como la voz superior del tritono (F) desciende un tono completo a Eb, mientras que la voz inferior asciende un semitono de B a C.

Para que el tritono del dominante de un acorde menor pueda resolver con ambas voces moviéndose un semitono, se puede agregar una tensión. Esta tensión tendría que ser la b9, ya que esta tensión es diatónica de la escala menor.

Observe las notas de los acordes G7b9 y Cm.

Al agregar una tensión b9 se crea un nuevo tritono en el acorde entre las notas D y Ab, este tritono puede resolver en movimiento contrario hacia Eb y G con tan solo moverse un semitono en ambas voces.

Esta cadencia puede utilizarse para perfeccionar la resolución tritonal cuando esta debe resolver hacia un acorde menor. Otra cosa importante de este acorde es que, al tener 2 tritonos, puede resolver indistintamente hacia un acorde menor o mayor. Sin embargo la aplicación de la novena bemol frecuentemente está asociada a acordes menores.

6.4 Segundo grado de la progresión menor secundaria

En una escala menor el segundo grado cuatriada es un acorde menor siete con la quinta bemol (ver capítulo 3). Por lo tanto cuando pensamos resolver hacia un acorde menor, la progresión ii-V-i secundaria llevaría un acorde IIm7b5.

Ahora sabemos que al resolver hacia un acorde menor, el segundo grado de la progresión II-V-Im es un acorde menor séptima bemol quinta. Además hemos aprendido a colocar una tensión al acorde dominante, por lo tanto el resultado es una progresión iim7b5-V7(b9)-Im7.

Progresión ii-V7-i

Para resolver a un acorde menor conviene agregar la b9 al acorde de dominante.

Ejemplo:

V7	I
C7(b9) → Fm	

Para el segundo grado conviene tomar el acorde que ocupa esta posición en la armonización de una escala menor. Es decir m7(b5)

Ejemplo:

II	V7	I
Gm7(b5)	→ C7(b9) →	Fm

Sin embargo, aún es posible utilizar la progresión IIm V7 Im si se hace en el contexto de la escala menor melódica.

Ejemplo:

II	V7	I
Gm7	→ C7 →	Fm

Observe la progresión IIm7b5-V7b9-Im, que se utiliza para resolver al acorde Cm:

🎹 En la práctica: Progresión ii-V-i

Suponga una tonalidad de E mayor, y queremos resolver al sexto grado usando una progresión ii-V-I secundaria ¿Qué acordes usaríamos?

R. D#m7b5, G#7b9, C#m7

6.5 Progresión II–V–Im de la escala menor melódica

Al escribir los acordes cuatriadas sobre la escala menor melódica (1-2-b3-4-5-6-7), tendremos una progresión de tipo iim7-V7-Im, a diferencia de la progresión iim7b5-V7b9-im7 que vimos anteriormente.

Sobre la escala de C menor melódica surgen los acordes Dm7, G7 y Cm al construir la progresión ii-V-i. En este tipo de progresión, la melodía que puede escribirse sobre los acordes favorece la melodía por sobre el arreglo armónico (por la resolución irregular del tritono), por esta razón a esta escala se le conoce como melódica.

En conclusión, aquellas progresiones del tipo IIm7-V7-Im podrían pensarse como idóneas para favorecer el uso de la escala menor melódica, a diferencia de las progresiones IIm7 ♭5 - V7 ♭9 - I que tienen una función armónica más precisa y hacen uso de la escala menor armónica.

Hoja de Trabajo No. 6

Realice el análisis completo de la siguiente canción en C mayor [*ver Figura 11*]:

Figura 11. Alice in Wonderland. En *The Real Book (6ta Edición): Hal Leonard Corporation. p.17*

7. DOMINANTE SUSTITUTO

7.1 Resolución Inversa de Tritono

Anteriormente aprendimos cómo un tritono resuelve en su forma estándar, cuando cada una de sus voces realiza un movimiento contrario de 1 semitono:

En el ejemplo, el tritono B-F resolvía cuando B (voz inferior) ascendía 1 semitono a C, y F (voz superior) descendía un semitono a E

Sin embargo, en este capítulo aprenderemos una resolución distinta del tritono. Considere primeramente que el tritono tiene la característica de ser un intervalo simétrico, es decir que sin importar el orden de las voces, siempre existirán 3 tonos entre ellas. Por ejemplo entre B y F existe un tritono, pero también existe otro tritono entre F y B, que sería el intervalo inverso o complementario. Cuando resolvemos este tritono inverso, el resultado es diferente:

Observe ahora que el tritono F-B resuelve cuando F (voz inferior) asciende 1 semitono a F# y B (voz superior) desciende un semitono a A#

Lo que esto quiere decir es que un tritono puede resolver de igual manera hacia dos intervalos distintos. En la práctica esto significa que cualquier acorde que contenga un intervalo de tritono entre sus notas (acorde de dominante), puede resolver por lo menos hacia 2 acordes distintos y hacia tantos otros que contengan los intervalos de resolución.

Resolución inversa del tritono de un dominante

Sabemos que los intervalos de tritono se forman entre los grados 3 y 7 del acorde de dominante, y que este acorde resuelve en cadencia perfecta hacia el acorde de primer grado. Esto es cierto siempre y cuando el tritono resuelva en su forma habitual, pero si resolvemos el tritono inverso, el resultado necesariamente es un acorde distinto.

Veamos el ejemplo del tritono B - F que es parte del acorde de dominante G7:

Cuando el tritono B-F del acorde G7 resuelve en su forma tradicional el dominante conduce hacia el acorde de primer grado. Es decir una cadencia perfecta.

La resolución inversa del tritono conduce hacia el intervalo F# - A#, esta es la tercera mayor del acorde F# mayor. El tritono también puede resolver hacia otros acordes que contengan el mismo intervalo, sin embargo esta resolución es la más importante.

Dominantes Sustitutos

Surgen de invertir el tritono de un dominante.

El dominante sustituto es un acorde de bII7, resuelve en intervalo de segunda menor hacia el acorde de grado I

Ejemplo:

bII7   I
Db7 → C

También pueden resolver de forma secundaria

Ejemplo:

susV7/IV   IV
Gb7 →   Fmaj7

7.2 Dominante Sustituto

Los dominantes sustitutos se utilizan para reemplazar al tradicional V7. Para lograr esta sustitución se busca el acorde dominante cuyo tritono resuelva de forma inversa hacia la tónica y tercera del acorde. Tal como ocurre con el ejemplo visto anteriormente (G7 a F#). Este dominante se halla justamente un semitono por encima de acorde al que se desea resolver.

Estos son algunos ejemplos de dominantes sustitutos:

G7 → F# ,   E♭7 → D,   C7 → B,   D♭7 → C

Todos los ejemplos vistos se tratan de dominantes cuyas tónicas resuelven en segunda menor descendente. Véase cómo Db7 resuelve hacia C al igual que lo hace el acorde G7, por lo tanto Db7 es el dominante que sustituye a G7.

Análisis

Cuando ocurre un dominante sustituto solemos hacer el análisis colocando el prefijo "sus" (el prefijo "sus" en español debe diferenciarse del sufijo "sus" del acorde suspendido, que se escribe después del acorde o grado). Además la resolución tritonal inversa se representa mediante una flecha de línea punteada.

Ejemplo:

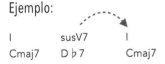

| I | susV7 | I |
| Cmaj7 | D♭7 | Cmaj7 |

Además, si el dominante es un sustituto de un dominante secundario, debe colocarse de la siguiente manera:

| I | susV7/IV | IV |
| Cmaj7 | G♭7 | Fmaj7 |

En el ejemplo, Gb7 está sustituyendo a C7, dominante secundario de Fmaj7.

▥ En la práctica: Dominante Sustituto

P. Suponga una tonalidad de G mayor, y se quiere resolver al acorde de cuarto grado (Cmaj7) usando un dominante sustituto, qué acordes llevaría la progresión:

R. Db7, Cmaj7

7.3 Cadencia deceptiva o engañosa

En la mayoría de los casos un acorde 7 que resuelve en segunda menor descendente se utiliza para sustituir al V7, se trate de dominantes primarios o secundarios. Sin embargo este tipo de resolución también puede utilizarse para resolver de "forma engañosa" hacia un acorde inesperado, este tipo de resoluciones o cadencias se denominan cadencias deceptivas o engañosas y por lo general implican que se cambie totalmente la tonalidad actual, hacia una nueva tonalidad (modulación). Abarcaremos el tema de las modulaciones en una lección aparte.

Ejemplo de una cadencia deceptiva.

```
I        V7     I*
Cmaj7    G7     F♯maj7
```

(*de una nueva tonalidad)

7.4 Sustitución del dominante en la progresión II-V7-I

En caso que ocurriera una sustitución del dominante en la progresión II-V7-I, esto no afecta al acorde de segundo grado, que permanece inalterado y tampoco cambia su análisis. Este caso se puede utilizar para crear un tipo de resolución cromática hacia el acorde deseado.

Ejemplo:
```
I        II     susV7     I
Cmaj7    Dm7    D♭7       Cmaj7
```

Hoja de Trabajo No. 7

♫ Ejercicio 1

De las siguientes progresiones, sustituya todos los dominantes colocando en vez, el dominante sustituto. Utilice la linea inferior para escribir la respuesta.

Progresión 1	Cmaj7	D-7	G7	Cmaj7
Rearmonización con sustitutos				

Progresión 2	E-7	D7	Gmaj7	B7	E-7
Rearmonización con sustitutos					

Progresión 3	Dmaj7	F#7	B-7	C#-7♭5	Dmaj7
Rearmonización con sustitutos					

Progresión 4	A-7	Cmaj7	F#7	B-7♭5	A-7
Rearmonización con sustitutos					

Progresión 5	Emaj7	A7	Dmaj7	B7	Emaj7
Rearmonización con sustitutos					

♫ Ejercicio 2

Este ejercicio es a la inversa del anterior, sustituya todos los dominantes sustitutos colocando en vez el dominante primario o secundario correspondiente.

Progresión 6	F	D♭7	Cmaj7	G♭7	F6
Rearmonización con V7					

Progresión 7	Dmaj7	A♭7	G	Dmaj7	
Rearmonización con V7					

Progresión 8	A-7	D♭7	Cmaj7	B♭7	A-
Rearmonización con V7					

Progresión 9	B♭maj7	D♭7	C-7	C♭7	B♭maj7
Rearmonización con V7					

Progresión 10	Gmaj7	A-7	F7	E-7	
Rearmonización con V7					

8. OTROS ACORDES Y TENSIONES

8.1 Acorde disminuido 7

El acorde disminuido 7 (frecuentemente llamado únicamente como disminuido) se forma con la siguiente estructura:

1 - 3 ♭ - 5 ♭ - 7♭♭

El grado 7 tradicionalmente se entiende como un doble bemol, que enarmónicamente equivale al grado 6. Por ejemplo, el acorde Do disminuido resulta de la siguiente manera:

C - E ♭ - G ♭ - B♭♭ (donde Bbb es igual a A)

La composición de intervalos de este acorde es su principal característica, puesto que se conforma en base a terceras menores:

3m, 3m, 3m, 3m

Acorde Disminuido

Un acorde disminuido está conformado por 4 intervalos idénticos y dos tritonos, estas características hacen del acorde disminuido un acorde muy disonante que debe resolver hacia cualquiera de múltiples consonancias posibles.

Además, el intervalo existente entre la séptima doble bemol y la octava es también una tercera menor, con lo que el acorde es simétrico en todos sus intervalos. El acorde disminuido también se compone de dos tritonos, el primero entre raíz y quinta bemol y el segundo entre la tercera bemol y la séptima doble bemol.

Uso de los acordes disminuidos

Aunque los acordes disminuidos pueden resolver sus tritonos hacia diversos acordes mayores y menores, su uso más común se centra en 3 funciones principales.

1. Progresión cromática ascendente:

Se utiliza como nota de paso para realizar un cromatismo, frecuentemente del I al II grado en una tonalidad mayor. Por ejemplo observe la progresión en Cmayor:

Cmaj7   C#dim7   D-7

2. Progresión cromática descendente:

A diferencia del caso anterior, este acorde no resuelve según sus tritonos, pero sí lo hace en función de sus cromatismos. Esta progresión puede ser utilizada principalmente del IIIb al IIm en tonalidad mayor. Ejemplo:

Cmaj7   Ebdim7   D-7

3. Como acorde auxiliar.

Usualmente antes del grado I o V como nota de paso o adorno para extender el acorde, en este caso el disminuido se aplica sobre la misma nota.

Cdim7   Cmaj7

▦ En la práctica: Acordes Disminuidos

P. Considere una tonalidad de F mayor y un acorde Gm al que se pretende resolver mediante un acorde disminuido, ¿cuáles son las opciones disponibles?

R. Por tratarse del segundo grado de la tonalidad podría muy bien resolver mediante un acorde disminuido en función ascendente o descendente:
F#dim7 - Gm (Función ascendente)
Abdim7 - Gm (Función descendente)

8.2 Acorde aumentado 7

Un acorde aumentado se forma con la siguiente estructura:

1 - 3 - ♯5

Este tipo de acorde suele utilizarse sobre el V grado de una tonalidad menor o mayor, es decir que suele estar presente en acordes dominantes por lo que también se puede agregar la séptima bemol:

Acorde aug7 (aumentado séptima):   1 - 3 - ♯5 - ♭7

también cifrado como 7(♯5).

Usos del acorde aumentado 7

1. La función principal de un acorde dominante aumentado es crear un cromatismo para aproximarse a la tercera del acorde de primer grado de una tonalidad mayor.

2. En una tonalidad menor el acorde aumentado no permite un cromatismo, sino mas bien la quinta aumentada se vuelve la tercera bemol del acorde de primer grado. En este caso esta nota es natural de la escala menor.

8.3 Acorde 7sus4

Un acorde sus4 se forma con la siguiente estructura:

1 - 4 - 5

Se denomina suspendido puesto que la cuarta reemplaza a la tercera del acorde. Al igual que el anterior suele utilizarse sobre dominantes, por lo que se añade la séptima para formar el acorde 7sus4:

1 - 4 - 5 - ♭7

Usos del acorde 7sus4

Usualmente se utiliza sobre el V grado para resolver a un acorde mayor o menor. En esta cadencia la 4ta resulta ser el primer grado de la tonalidad, por lo tanto su uso es totalmente aceptable, no añade tensiones ni pasajes cromáticos. Al eliminar la tercera también se elimina el tritono presente entre el tercer y séptimo grado de un dominante clásico, y por ello el acorde 7sus4 es más consonante que otros dominantes.

8.4 Tensiones añadidas

En lecciones anteriores se ha hablado bastante acerca de la importancia de las triadas y cuatriadas en la función armónica de cualquier acorde. las tensiones (9, 11, y 13) se consideran notas complementarias cuyo fin es principalmente enriquecer el acorde. También es posible alterar estas tensiones, si esto contribuye al arreglo armónico que deseamos (b9, #9, #11 y b13).

Esto es lo que sabemos de las tensiones hasta ahora, pero ahora analicemos cada tensión por separado y su uso dentro de los acordes más comunes:

9 (novena)
Esta tensión es usual en cualquier acorde mayor o menor, pero no se utiliza sobre acordes de III y VII grado.

♭9 (novena bemol)
Esta tensión se utiliza esencialmente para la formación de un tritono entre la quinta y novena del acorde, de esta manera el acorde puede resolver hacia un acorde menor. No obstante, en un acorde 7b9 existe otro tritono entre la tercera y séptima del acorde que permite resolver perfectamente hacia un acorde mayor en cadencia perfecta. En este caso la novena bemol se utiliza como cromatismo para llegar a la quinta del acorde de primer grado. En ambos casos, ya sea resolviendo a un acorde mayor o menor, es posible utilizar esta tensión pero con diferente propósito, en el caso de resolver hacia un acorde menor se utiliza para

complementar el tritono del dominante, y en el caso de resolver hacia un acorde mayor, para crear un cromatismo.

♯9 (novena sostenida)

Esta es otra tensión para utilizar en acordes de dominante, por lo general para resolver a acordes menores, pues esta tensión es la séptima bemol de la escala menor.

11 (oncena)

Esta tensión se utiliza sobre acordes menores. Se evita en acordes mayores a fin de no crear un intervalo de novena menor (2m) sobre la tercera del acorde.

♯11 (oncena sostenida)

Es una tensión que se utiliza en acordes diatónicos de IV grado de tonalidades mayores y VI grado de tonalidades menores. Sin embargo esta tensión también se utiliza en acordes dominantes de V grado, con lo cual se consigue un cromatismo hacia la primera del acorde mayor al que resuelve. En acordes sustitutos de dominante, la oncena sostenida es una nota natural del acorde al que resuelve (la quinta), en este caso no añade cromatismos, lo que resulta útil para disimular la fuerte disonancia de esta cadencia.

13 (trecena)

Esta tensión se utiliza en acordes mayores, tanto dominantes como tónicas o subdominantes. Por lo general se limita su uso en acordes menores para evitar que se forme un tritono entre la tercera y trecena.

♭13 (trecena bemol)

La trecena bemol se utiliza principalmente sobre acordes dominantes para resolver por igual a acordes mayores o menores. Al resolver en cadencia perfecta hacia un acorde menor, esta tensión se convierte en la tercera bemol, por lo que no añade cromatismos, caso contrario ocurre cuando resuelve a un acorde mayor.

Hoja de Trabajo No.8

♫ Ejercicio 1

Complete la progresión añadiendo el acorde que se indica en el espacio en los compases en blanco:

a)   Acorde disminuido en progresión cromática ascendente

Dmaj7   _____   E-7

b)   Acorde disminuido en progresión cromática descendente

Amaj7   _____   F#-7

c)   Acorde disminuido como acorde auxiliar

_____   Emaj7   - - - - -

d) Acorde aumentado 7

_____   Bbmaj7   _____   C-7

e) Acorde 7sus4

_____   Fmaj7   _____   D-7

♫ Ejercicio 2

Observe los acordes de la siguiente progresión. ¿Podría escribir la misma progresión añadiendo algunas tensiones a cada acorde? Hágalo según considere que sea posible. Puede existir más de 1 respuesta correcta por cada acorde, por lo cuál su criterio juega un papel importante. Para sustituir tome en cuenta las anotaciones vistas en la lección sobre los usos comunes de tensiones y los casos en que no pueden ser aplicadas.

El ejercicio se encuentra en tonalidad de C mayor

Cmaj7 | A7 | D-7 | Db7 |

Cmaj7 | E7 | A-7 | Fmaj7 |

G7 | Cmaj7 ||

Re-armonización:

_____ | _____ | _____ | _____ |

_____ | _____ | _____ | _____ |

_____ | _____ ||

9. INTERCAMBIO MODAL Y MODULACIONES

Hasta ahora conocemos la explicación y análisis de la mayoría de acordes de una composición. En los primeros capítulos aprendimos a utilizar los acordes diatónicos, sus posibles tensiones y sus funciones armónicas. Seguidamente conocimos los primeros acordes no diatónicos, cuyo origen proviene de progresiones secundarias. También aprendimos acerca de los dominantes sustitutos y el uso de otros acordes tritonales y no tritonales como es el caso de los acordes disminuidos. Sin embargo, aún con todos estos casos vistos existe una última sección de acordes que podemos encontrar en composiciones tanto populares como de jazz y otros géneros. El hecho que las hayamos colocado al final del curso no las hace menos importantes o de uso menos común.

Los acordes que no son diatónicos ni tampoco provienen de progresiones secundarias u otros dominantes por lo general se atribuyen modulaciones o intercambios modales. Ni los acordes de intercambio modal, ni las modulaciones son casos nuevos en sí, pues provienen de las mismas estructuras diatónicas, pero usadas de forma distinta. El intercambio modal es el préstamo de acordes de un modo paralelo, y la modulación es el paso a una nueva tonalidad.

9.1 Intercambio Modal

En la lección número 3 explicamos cómo se armonizaban los 7 modos con sus triadas y cuatriadas. Saber cómo funcionan estas estructuras es un concepto esencial para entender de qué se trata un intercambio modal. Hagamos un breve repaso:

Jónico

| Imaj7 | IIm7 | IIIm7 | IVmaj7 | V7 | VIm7 | VIIm7b5 |

Dórico

| Im7 | IIm7 | bIIIMaj7 | IV7 | Vm7 | VIm7b5 | bVIImaj7 |

Frigio

| Im7 | bIIMaj7 | bIII7 | IVm7 | Vm7b5 | bVImaj7 | bVIIm7 |

Lidio

| IMaj7 | II7 | IIIm7 | #IVm7b5 | Vmaj7 | VIm7 | VIIm7 |

Mixolidio

| I7 | IIm7 | IIIm7b5 | IVmaj7 | Vm7 | VIm7 | bVIIMaj7 |

Eólico

| Im7 | IIm7b5 | bIIImaj7 | IVm7 | Vm7 | bVIMaj7 | bVII7 |

Locrio

| Im7b5 | bIImaj7 | bIIIm7 | IVm7 | bVMaj7 | bVI7 | bVIIm7 |

Los modos mayor y menor se corresponden con los modos jónico y eólico y son esencialmente los modos en los cuáles se construye un arreglo armónico, y éstos son los únicos casos estudiados hasta ahora.

Un intercambio modal ocurre, en palabras sencillas, cuando se toma prestado uno o varios de los acordes de un modo distinto.

Ante esto tomemos en cuenta las siguientes 4 consideraciones que explicaremos y ejemplificaremos una por una:

1. El modo que presta su(s) acorde(s) comparte la misma tónica

2. Por lo general se intercambian los modos mayores con los menores y viceversa.

3. El intercambio modal es más común en tonalidades mayores.

4. El intercambio modal es momentáneo y se debe abandonar antes de que el oyente perciba un cambio de tonalidad.

Ejemplos:

1. El modo que presta su acorde comparte la misma tónica:

Hagamos de cuenta que tenemos la siguiente progresión (en C mayor):

Cmaj7   D-7   A-7

y deseamos intercambiar el acorde de II grado (Dm7). Para ello tomaremos un acorde de segundo grado de alguno de los modos de C (porque tiene que ser la misma tónica), digamos C frigio, el acorde de segundo grado en C frigio es el bIIMaj7, por lo tanto haremos un intercambio modal con ese acorde.

Cmaj7   Dbmaj7   A-7

2. Por lo general se intercambian modos mayores con menores y viceversa.

Aunque un intercambio modal, desde un punto de vista teórico, puede darse entre cualesquiera dos modos que tengan en común la misma tónica, se entiende de forma general que el intercambio se hace entre modos mayores y menores y viceversa (Los modos menores son los que contienen una b3).

C mayor: intercambios modales con C eólico, C frigio o C dórico.
C menor: intercambios modales con C jónico, C lidio o C mixolidio

En el ejemplo del punto anterior, en efecto, se intercambió con un acorde de frigio.

3. El intercambio modal es más común en tonalidades mayores.

No es una regla, pero la usanza común nos lleva a centrarnos preferentemente en los intercambios modales que ocurren en tonalidades mayores. Es decir que de forma muy extendida los acordes favoritos para hacer intercambio modal provienen del eólico, frigio y dórico.

4. El intercambio modal es momentáneo y se debe abandonar antes de que el oyente perciba un cambio de tonalidad.

El siguiente es un buen ejemplo de un intercambio modal que se extiende sobre 2 acordes provenientes del modo Eólico.

Cmaj7   Abmaj7   Bb7   C

Note cómo el acorde C define el retorno hacia la tonalidad central. Sin embargo si extendiéramos el intercambio modal un poco más, digamos hacia Cm, entonces la sensación auditiva del oyente sería el equivalente a un cambio de tonalidad (modulación).

Cmaj7   Abmaj7   Bb7   C-

La forma de definir cuántos acordes deberían incluirse tiene que ver con el ritmo armónico de la composición, los tiempos fuertes conducen de forma más concluyente hacia la tonalidad central.

Clasificación de los Intercambios Modales

La clasificación tradicional de los intercambios modales suele resultar útil para obtener una visión más clara de qué acordes en específico pueden ser considerados como tales. Como veremos en la tabla siguiente los acordes de intercambio modal se limitan a unos pocos. La razón es porque los demás acordes, aunque si bien proceden de otros modos, éstos ya han sido estudiados en los capítulos anteriores como secundarios o sustitutos.

Resumen del Origen de los acordes

. . . .

Los acordes de una composición pueden ser:

Diatónicos ó

No diatónicos

y de los no diatónicos, los acordes pueden ser:

- Secundarios
- Otros dominantes
- de Intercambio modal o Modulaciones

Los **acordes diatónicos** son propios de la tonalidad.

Los **acordes secundarios** provienen de la progresión V-I o II-V-I en función del acorde al que resuelven.

Otros dominantes son por lo general acordes disminuidos o dominantes sustitutos.

Los acordes **de intercambio modal** ocurren cuando se toma prestado uno de los acordes de un modo distinto.

Los acordes de intercambio modal se dividen en 2 categorías:

1. Acordes del área subdominante menor

2. Otros acordes de intercambio modal

Los acordes del área subdominante menor son aquellos que contienen el sexto grado bemol (bVI), estos acordes proceden del modo eólico y frigio. Y son los siguientes:

Acordes del Área Subdominante menor

Modo	Cuatriadas
Modo Eólico	IIm7b5
	IVm7 (IVm6)
	bVImaj7
	bVII7
Modo Frigio	bIImaj7 (bII6)
	bVIIm7

Se añaden el IVm6 y el bII6 entre paréntesis por ser acordes de uso común. Además de éstos también es posible utilizar las triadas equivalentes. El IVm7 y bVImaj7 también provienen del modo frigio, pero se omitió esta repetición a fin de simplificar.

La clasificación subdominante menor se denomina así puesto que el acorde subdominante (IV) es naturalmente mayor, pero al hacer el intercambio modal la sexta bemol hace que en el subdominante se forme un acorde menor.

En cuanto a los otros acordes de intercambio modal, éstos son los siguientes:

Otros Acordes de Intercambio modal

Modo	Cuatriadas
Modo Eólico	Im7
	bIIImaj7
	Vm7
Modo Lidio	II7
	#IVm7b5
Modo Dórico	bVIImaj7

Usos de los acordes de Intercambio Modal

El uso de los acordes de intercambio modal puede entenderse como circunstancial según la línea melódica se vea enriquecida o el propio gusto del arreglista. Muchos de los acordes de intercambio modal, así como de los demás acordes vistos en este curso han sido utilizados por grandes compositores de todos los tiempos, y en muchos casos se desconoce si esto fue producto del estudio de la armonía o simplemente se trató de algo "casual".

Ahora conozcamos un poco más acerca de los acordes de intercambio modal vistos en este capítulo. Los usos que veremos a continuación son comunes mas no exclusivos; todos los ejemplos están en tonalidad de C mayor para una mejor comprensión.

IIm7b5

Puede utilizarse como intercambio modal en una progresión ii-V-I. Como se vio en una lección anterior, este acorde es parte de la progresión ii-V-i y se espera resuelva a un acorde menor, pero como se trata de un intercambio modal, esta progresión se usa para sustituir los acordes tradicionales en la progresión ii-V-I

Cmaj7   Dm7b5   G7b9   Cmaj7

Los casos en que la progresión no resuelve de esta manera deben ser considerados como progresiones secundarias.

IVm7

Podría considerarse un acorde central en lo que intercambio modal se refiere. Este acorde puede utilizarse como complemento al IVmaj7 en una progresión típica IVmaj7 - I

Cmaj7   Fmaj7   Fm7   Cmaj7

Al utilizar la forma IVm6 este acorde es también considerado un tipo de inversión al acorde IIm7b5, lo que permite un uso similar a este acorde.

bVImaj7 y bVII7

Ambos acordes podrían ser utilizados como complemento al grado I, ambos acordes pueden ir seguidos en una progresión del que resultaría: bVImaj7 - bVII7 - I

Abmaj7   Bb7   Cmaj7

Im7

Este acorde puede ser utilizado como complemento al Imaj7

Cmaj7   Cm7   Cmaj7

O para extender una cadencia del tipo IIm7b5 - V7b9 - Imaj7

Cm7   Dm7b5 G7b9   Cmaj7

bIIImaj7

Puede usarse antes del IV grado

Ebmaj7   Fmaj7   Cmaj7

O bien en una progresión basada en cuartas ascendentes

Cmaj7   Ebmaj7   Abmaj7   Dbmaj7   G7   Cmaj7

Vm7

Este es un excelente acorde para utilizar juntamente con el Imaj7 o V7.

Cmaj7   Gm7   Cmaj7   G7   Gm7   G7   Cmaj7

II7

El acorde de II7 es común en muchas composiciones de bossa nova, y también algunos temas populares como Yesterday de Lennon/McCartney. El acorde de II7 de intercambio modal debe diferenciarse del dominante secundario del quinto grado V7/V7, puesto que por lo general el II7 no resuelve al quinto grado cuando se usa como intercambio modal.

#IVm7b5

Otro acorde que puede utilizarse antecediendo al V grado

Cmaj7   F#m7b5   G7

VIIbmaj7

El uso de este acorde tradicionalmente se entiende como un sustituto del IV grado subdominante y no todos concuerdan en analizarlo como intercambio modal, esto se debe a la similitud de ambos acordes (IVmaj7 y bVIImaj7), así en una progresión I - IV - V podría escribirse en vez:

Cmaj7   Bbmaj7   G7

🎹 En la práctica: Intercambio Modal

P. Considere las siguientes progresiones y determine cuáles de los acordes pertenecen a intercambios modales

1. Cmaj7 - Cm7 - Fmaj7 (Tonalidad F mayor)
2. Gbmaj7 - Abmaj7 - Ebmaj7 (Tonalidad Eb mayor)
3. Ebmaj7 - F7 - Gmaj7 (Tonalidad G mayor)

R.

1. El acorde Cm7 es el ivm7 de intercambio modal

2. El acorde Gbmaj7 es el bIIImaj7 de intercambio modal

3. Los acordes Ebmaj7 y F7 son acordes de intercambio modal, el bVImaj7 y el bVII7 respectivamente.

9.2 Modulaciones

Una modulación es un cambio de tonalidad definitivo o temporal. A diferencia del intercambio modal, en la modulación se abandona por completo la tonalidad y el arreglo armónico anterior no ejerce ninguna inferencia en la nueva tonalidad.

Antes de llegar a una nueva tonalidad se busca advertir al oyente colocando algunos acordes de preparación, salvo en caso que se busque una modulación abrupta; en este caso los acordes de la nueva tonalidad simplemente se instalan sin ningún tipo de preparación.

Modulación

Una modulación es un cambio de tonalidad.

A partir de la modulación debe abandonarse la tonalidad anterior y hacer el análisis en función de la nueva tonalidad.

Para modular se busca utilizar la progresión II-V-I, IV-V-I o bien únicamente V-I, u otros dominantes según convenga.

Modulación Diatónica y Cromática

Existe un criterio que agrupa las modulaciones en diatónicas o cromáticas, según el tipo de acordes que se usan en la preparación de la nueva tonalidad. Para entender este concepto es necesario valernos del Círculo de Quintas, un diagrama que agrupa las 12 tonalidades según sus alteraciones. En este círculo, cuya estructura puede estudiarse en algún curso de teoría musical, es posible ver de forma muy clara la similitud entre las escalas y las alteraciones de éstas. [*ver Figura 12*]

CIRCULO DE QUINTAS

Figura 12. *Círculo de Quintas.*

Tome como referencia la tonalidad de C y compare con sus tonalidades vecinas (F y G), ambas escalas tienen tan sólo una nota diferente en relación a C. Fa tiene una alteración en Bb y Sol tiene una alteración en F#. Si avanzamos dos tonalidades hacia izquierda y derecha encontraremos a D y Bb, ambas escalas tienen 2 notas diferentes en relación a C. De esta manera, mientras una tonalidad esté más alejada en el círculo de quintas tiene menos notas en común. Las modulaciones dependen en gran medida de esta posición en el círculo de quintas para determinar si son diatónicas o cromáticas.

Modulación Diatónica

Se utiliza una modulación diatónica cuando la nueva tonalidad es una tonalidad cercana en el círculo de quintas. Esta modulación consiste en utilizar acordes comunes a ambas tonalidades (acordes pivote). Por ejemplo: Si se desea modular de C a G es común utilizar una modulación diatónica utilizando Am como acorde pivote pues este acorde es común en ambas tonalidades y además es el segundo grado de Sol.

```
I    VI
     II    V7   I
C    Am    D7   Gmaj7
```

Modulación Cromática

Cuando dos tonalidades se encuentran distantes en el círculo de quintas no es posible utilizar acordes pivote. Entonces se debe recurrir al cromatismo, esto se logra transformando uno de los acordes de la tonalidad anterior para hacerlo parte de una progresión ii-V7-I, o V7-I de la nueva tonalidad.

```
I    Im
     II    V7   I
C    Cm    F7   Bbmaj7
```

Por otro lado, si el uso de acordes pivote no es posible por no haber acordes en común, también puede valerse de una tonalidad auxiliar que sí los tenga, o lo que sería muy similar, usar dominantes o 2-5-1 en cadena.

```
I    IV7
     V7   I
          V7   I
C    F7   Bb7  Ebmaj7
```

🎹 En la práctica: Modulaciones

P. Suponga que queremos modular de Dmaj7 a Emaj7 ¿Qué tipo de modulación usaríamos y con cuáles acordes?

R.

Aunque puede existir más de una opción, la modulación más adecuada sería la siguiente:

F#m7 - B7 - Emaj7, modulación de tipo diatónica usando un acorde en común a ambas tonalidades: F#m7 es 3er grado en D mayor y 2do grado en E mayor.

P. Suponga que queremos modular de Dmaj7 a Ebmaj7 (subir un semitono) ¿Qué tipo de modulación usaríamos y con cuáles acordes?

R.

Modular un semitono hacia arriba, salvo que se haga de forma abrupta, resulta complejo por hallarse ambas tonalidades de extremo a extremo en el círculo de quintas. Aunque pueden haber varias opciones, una buena idea sería usar una tonalidad auxiliar (Fm7):

Gm7b5 - C7 - Fm7 - Bb7 - Ebmaj7

De esta manera podemos modular modificando un acorde de la tonalidad de D (Gmaj7 a Gm7b5) que es común a la tonalidad auxiliar (modulación cromática), y que a su vez es un acorde común con Eb (modulación diatónica). En este caso sería una combinación de ambos tipos de modulaciones.

Análisis Armónico de Modulaciones

Respecto al análisis armónico se aconseja indicar la modulación colocando una flecha hacia arriba (↑) desde el momento en que se instala la nueva tonalidad. Si la modulación tiene acordes de preparación el análisis se hace en relación a la nueva tonalidad, desde el primer acorde cuya función es preparar la modulación.

Por ejemplo, si vamos a realizar una modulación diatónica de C a G mayor usando los acordes de Am, D7 y Gmaj7, empezaríamos a considerar Am como parte de la nueva tonalidad aunque se trate de un acorde común para ambas tonalidades.

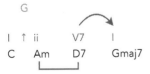

```
      G
              ⌒⟶
I   ↑ ii     V7      I
C   Am       D7    Gmaj7
    └──────────┘
```

Hoja de Trabajo No.9

Afternoon in Paris en C mayor es un buen ejemplo de un tema que contiene múltiples modulaciones. Realice el análisis armónico completo.

Figura 13. Afternoon in Paris (Fragmento). En *The Real Book (6ta Edición): Hal Leonard Corporation. p.12*

10. OTRAS TONALIDADES

10.1 La Tonalidad de Blues

La tonalidad de blues merece un estudio aparte, ya que tiene un funcionamiento independiente a la armonía diatónica que hemos estudiado en este método. Aunque en esencia la tonalidad de Blues se compone de los mismos tres grados tonales de la tonalidad mayor I, IV y V; lo que lo hace distinto es que los tres acordes son dominantes, es decir I7, IV7, V7.

Típicamente el blues tradicional se basa en una progresión estándar de 12 compases que ha evolucionado con el paso del tiempo. Una de estas progresiones estándar conocida como las 12 barras del blues es la siguiente:

I7	I7	I7	I7	
IV7	IV7	I7	I7	
V7	IV7	I7	I V7	

Usualmente en tonalidad de Fa:

F7	F7	F7	F7	
Bb7	Bb7	F7	F7	
C7	Bb7	F7	I C7	

Un análisis de estos acordes nos llevaría a pensar en tres dominantes conectados entre sí, sin embargo sus resoluciones no estarían del todo claras, sobre todo por el IV7 que resuelve al I7 y luego el V7 moviéndose al IV7. En realidad esta sonoridad es propia del blues y se desarrolló por la fusión de la música africana con la armonía europea en suelo norteamericano. En realidad, los primeros músicos del blues se dejaron llevar por lo que les sonaba bien aunque aquello contradecía cualquier conocimiento de la armonía convencional, y así crearon una progresión típica que se usó en cientos de canciones. Posteriormente, esa estructura fue evolucionando hasta que hoy en día, existe más de una progresión típica de blues, con frecuencia incluyendo progresiones ii-V-I de jazz y otros elementos de la armonía moderna.

El acorde I7 también puede ser sustituido por una triada mayor, por un acorde sexta e incluso un Imaj7 como en la tonalidad mayor, tal es el caso de Blues for Alice de Charlie Parker donde el primer grado es un acorde F6, o Au Privave del mismo Parker cuyo primer grado es un F mayor. Estos dos temas son claros ejemplos de cómo se adicionaron progresiones ii-V-I y otros elementos del jazz a la estructura tradicional del blues.

Figura 14. Blues for Alice (Fragmento). En *The Real Book (6ta Edición): Hal Leonard Corporation. p.55*

Análisis Armónico del Blues

A excepción del V7 (dominante primario de la tonalidad), los acordes I7 y IV7 se analizan como propios de la tonalidad, es decir, no son dominantes secundarios ni substitutos o dominantes de resolución inesperada, sino pasan a ser el primer y cuarto grado de la tonalidad de blues.

Los acordes menores, si los hay, por lo general son parte de progresiones ii-V-I secundarias en función de los acordes principales. En este caso se analizan como si se tratase de una tonalidad mayor normal.

El Blues Menor

La tonalidad de Blues menor sería la contraparte menor a la tonalidad tradicional de Blues, se compone de cuatro acordes provenientes de la tonalidad menor, el im7, ivm7, V7 y el bVI7.

```
im7     | im7    | im7    | im7      |
ivm7    | ivm7   | im7    | im7      |
bVI7    | V7     | Im7    | I bVI7 V7|
```

10.2 Las Canciones Modales

Las canciones modales o el jazz modal tiene un enfoque totalmente distinto a todo lo que se ha explicado con anterioridad. Se podría decir que en la armonía convencional, la melodía y la armonía van estrechamente relacionadas y se mueven de manera conjunta conforme avanza el tema o pieza musical; así un movimiento de la armonía condiciona en cierta manera el movimiento de la melodía, o viceversa. En el jazz modal es importante entender que el enfoque es totalmente distinto, pudiendo la melodía funcionar casi de forma independiente a la armonía. De hecho, la denominación "modal" quiere decir que el enfoque está centrado totalmente en el modo y la improvisación, dejando a los acordes en segundo plano.

Quizás la mejor manera de entender las canciones modales es a través de los estándares más representativos, tal es el caso de "So What" de Miles Davis [Figura 15]; otros ejemplos podrían ser "Cantaloupe Island" o "Maiden Voyage", ambos de Herbie Hancock.

105

Figura 15. So What (Fragmento). En *The Real Book (6ta Edición): Hal Leonard Corporation. p.364*

Características de las canciones modales

Algunas consideraciones prácticas sobre las canciones modales son las siguientes:

- **Están escritas con un modo particular en mente** (el tema de los modos se trató con anterioridad en el capítulo 3). Por ejemplo, So What está pensada para improvisar sobre el modo dórico.

- **Poseen cambios mínimos de acordes.** En las tonalidades mayor y menor suelen haber muchos acordes, aprovechando al máximo las posibilidades de la armonía que hemos visto en este método. Pero en las canciones modales las reglas del juego cambian un poco. En realidad, al entrar en el mundo de los modos estamos jugando un poco con sonoridades atípicas, pero que a su vez derivan de la escala mayor; arriesgarnos a colocar demasiados acordes en una canción modal solo nos llevará a desplazar el centro tonal hacia la tonalidad mayor o menor, perdiendo totalmente el sentido de lo modal.

- **Suelen tener acordes cuartales.** En vez de armonizar en intervalos de tercera (ver capítulo 3), se utilizan intervalos de cuarta. Por ejemplo el acorde cuartal equivalente a Dm7 sería D - G - C - F - A (el último intervalo es de tercera). Por ejemplo, en So What, aunque aparece cifrado el acorde Dm7(add4), es decir adherido cuarta, en realidad se refiere a un acorde de tipo cuartal, en donde se deben respetar los intervalos de cuarta; por lo que no aplican las demás inversiones del acorde Dm7(add4). Sin embargo, el tema de la armonía cuartal merece un tratado aparte, porque también tiene sus propias reglas y aplicaciones que van más allá de las canciones modales.

Hoja de Trabajo No.10

Au Privave de Charlie Parker es un buen ejemplo de un tema blues-jazz. Realice el análisis armónico completo. Si hubiesen acordes de intercambio modal identifíquelos colocando la abreviatura (I.M.).

Figura 16. Au Privave. En *The Real Book (6ta Edición): Hal Leonard Corporation. p.37*

Respuestas a los Ejercicios:
Hoja de Trabajo No.1

....

Ejercicio 1

C mayor

3	5	7	2	4	6	9	11	13
E	G	B	D	F	A	D	F	A

G mayor

3	5	7	2	4	6	9	11	13
B	D	F#	A	C	E	A	C	E

D mayor

3	5	7	2	4	6	9	11	13
F#	A	C#	E	G	B	E	G	B

A mayor

3	5	7	2	4	6	9	11	13
C#	E	G#	B	D	F#	B	D	F#

E mayor

3	5	7	2	4	6	9	11	13
G#	B	D#	F#	A	C#	F#	A	C#

B mayor

3	5	7	2	4	6	9	11	13
D#	F#	A#	C#	E	G#	C#	E	G#

F mayor

3	5	7	2	4	6	9	11	13
A	C	E	G	Bb	D	G	Bb	D

B♭ mayor

3	5	7	2	4	6	9	11	13
D	F	A	C	Eb	G	C	Eb	G

E♭ mayor

3	5	7	2	4	6	9	11	13
G	Bb	D	F	Ab	C	F	Ab	C

A♭ mayor

3	5	7	2	4	6	9	11	13
C	Eb	G	Bb	Db	F	Bb	Db	F

D♭ mayor

3	5	7	2	4	6	9	11	13
F	Ab	C	Eb	Gb	Bb	Eb	Gb	Bb

G ♭ mayor

3	5	7	2	4	6	9	11	13
Bb	Db	F	Ab	Cb	Eb	Ab	Cb	Eb

Ejercicio 2

C mayor

3♭	5♭	5#	7♭	#4	6♭	9♭	9#	11#	13♭
Eb	Gb	G#	Bb	F#	Ab	Db	D#	F#	Ab

G mayor

3♭	5♭	5#	7♭	#4	6♭	9♭	9#	11#	13♭
Bb	Db	D#	F	C#	Eb	Ab	A#	C#	Eb

D mayor

3♭	5♭	5#	7♭	#4	6♭	9♭	9#	11#	13♭
F	Ab	A#	C	G#	Bb	Eb	E#	G#	Bb

A mayor

3♭	5♭	5#	7♭	#4	6♭	9♭	9#	11#	13♭
C	Eb	E#	G	D#	F	Bb	B#	D#	F

E mayor

3♭	5♭	5#	7♭	#4	6♭	9♭	9#	11#	13♭
G	Bb	B#	D	A#	C	F	F##	A#	C

B mayor

3♭	5♭	5#	7♭	#4	6♭	9♭	9#	11#	13♭
D	F	F##	A	E#	G	C	C##	E#	G

F mayor

3♭	5♭	5#	7♭	#4	6♭	9♭	9#	11#	13♭
Ab	Cb	C#	Eb	B	Db	Gb	G#	B	Db

B♭ mayor

3♭	5♭	5#	7♭	#4	6♭	9♭	9#	11#	13♭
Db	Fb	F#	Ab	E	Gb	Cb	C#	E	Gb

E♭ mayor

3♭	5♭	5#	7♭	#4	6♭	9♭	9#	11#	13♭
Gb	Bbb	B	Db	A	Cb	Fb	F#	A	Cb

A♭ mayor

3♭	5♭	5#	7♭	#4	6♭	9♭	9#	11#	13♭
Cb	Ebb	E	Gb	D	Fb	Bbb	B	D	Fb

D♭ mayor

3♭	5♭	5♯	7♭	♯4	6♭	9♭	9♯	11♯	13♭
Fb	Abb	A	Cb	G	Bbb	Ebb	E	G	Bbb

G♭ mayor

3♭	5♭	5♯	7♭	♯4	6♭	9♭	9♯	11♯	13♭
Bbb	Dbb	D	Fb	C	Ebb	Abb	A	C	Ebb

Hoja de Trabajo No. 2

Ejercicio 1

Escriba el nombre del intervalo que se le presenta, debe tomar como base la nota inferior y su escala correspondiente. Indique grado del intervalo y cualidad.

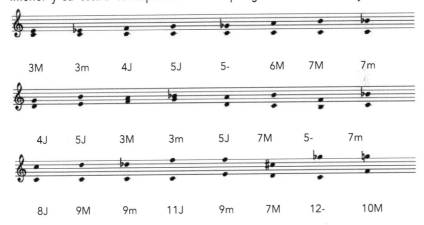

| 3M | 3m | 4J | 5J | 5- | 6M | 7M | 7m |

| 4J | 5J | 3M | 3m | 5J | 7M | 5- | 7m |

| 8J | 9M | 9m | 11J | 9m | 7M | 12- | 10M |

Ejercicio 2

C   Cm   Cdis   C7   Cmaj7   C9   C11   C13

Dm   D7   Fmaj7   Edis   Gdis7   Ebaum   A7sus4   Bm7b5

Notas de los acordes cifrados:

Dm	D	F	A	
D7	D	F	A	C
Fmaj7	F	A	C	E
Edis	E	G	Bb	
Gdis7	G	Bb	Db	E(Fb)
Ebaum	Eb	G	B	
A7sus4	A	D	E	G
Bm7b5	B	D	F	A

Ahora escriba las notas del acorde cifrado

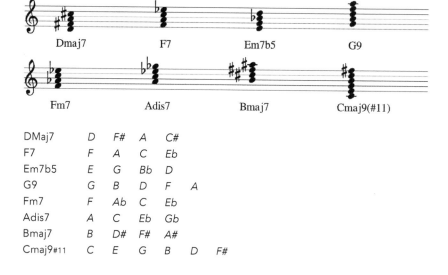

Dmaj7   F7   Em7b5   G9

Fm7   Adis7   Bmaj7   Cmaj9(#11)

DMaj7	D	F#	A	C#	
F7	F	A	C	Eb	
Em7b5	E	G	Bb	D	
G9	G	B	D	F	A
Fm7	F	Ab	C	Eb	
Adis7	A	C	Eb	Gb	
Bmaj7	B	D#	F#	A#	
Cmaj9#11	C	E	G	B	D F#

Hoja de Trabajo No. 3

Ejercicio 1

C Lidio

I	II	III	#IV	V	VI	VII	VIII
C	D	E	F#	G	A	B	C

G Mixolidio

I	II	III	IV	V	VI	bVII	VIII
G	A	B	C	D	E	F	G

D Jónico

I	II	III	IV	V	VI	VII	VIII
D	E	F#	G	A	B	C#	D

A Eólico

I	II	bIII	IV	V	VI	bVII	bVIII
A	B	C	D	E	F	G	A

E Dórico

I	II	bIII	IV	V	VI	bVII	VIII
E	F#	G	A	B	C#	D	E

B Frigio

I	bII	bIII	IV	V	bVI	bVII	VIII
B	C	D	E	F#	G	A	B

F Locrio

I	bII	bIII	IV	bV	bVI	bVII	VIII
F	Gb	Ab	Bb	Cb	Db	Eb	F

Ejercicio 2

Fragmento 1 en C jónico (C mayor) Alice in Wonderland (Respuestas)

Fragmento 2 en E eólico (E menor natural) Autumn Leaves (Respuestas)

Hoja de Trabajo No. 4

Ejemplo 1: Black Orpheus (A menor)

Ejemplo 2: Autumn Leaves (E menor)

Ejemplo 3: Misty (Eb mayor)

Ejemplo 4: Alice in Wonderland (C mayor)

Hoja de Trabajo No.5

Ejemplo 1: Misty (Eb mayor)

Ejemplo 2: Alice in Wonderland (C mayor)

Hoja de Trabajo No. 6

Realice el análisis armónico de la siguiente canción en C mayor, debe incluir todas las progresiones II-V-I diatónicas y no diatónicas.

Hoja de Trabajo No. 7

Ejercicio 1

Progresión 1	Cmaj7	D-7	G7	Cmaj7	
Rearmonización con sustitutos	Cmaj7	D-7	Db7	Cmaj7	

Progresión 2	E-7	D7	Gmaj7	B7	E-7
Rearmonización con sustitutos	E-7	Ab7	Gmaj7	F7	E-7

Progresión 3	Dmaj7	F#7	B-7	C#-7b5	Dmaj7
Rearmonización con sustitutos	Dmaj7	C7	B-7	C#-7b5	Dmaj7

Progresión 4	A-7	Cmaj7	F#7	B-7b5	A-7
Rearmonización con sustitutos	A-7	Cmaj7	C7	B-7b5	A-7

Progresión 5	Emaj7	A7	Dmaj7	B7	Emaj7
Rearmonización con sustitutos	Emaj7	Eb7	Dmaj7	F7	Emaj7

Ejercicio 2

Progresión 6	F	Db7	Cmaj7	Gb7	F6
Rearmonización con sustitutos	F	G7	Cmaj7	C7	F6

Progresión 7	Dmaj7	Ab7	G	Dmaj7	
Rearmonización con sustitutos	Dmaj7	D7	G	Dmaj7	

Progresión 8	A-7	Db7	Cmaj7	Bb7	A-
Rearmonización con sustitutos	A-7	G7	Cmaj7	E7	A-

Progresión 9	Bbmaj7	Db7	C-7	Cb7	Bbmaj7
Rearmonización con sustitutos	Bbmaj7	G7	C-7	F7	Bbmaj7

Progresión 10	Gmaj7	A-7	F7	E-7	
Rearmonización con sustitutos	Gmaj7	A-7	B7	E-7	

Hoja de Trabajo No. 8

Ejercicio 1

Dmaj7	Ebdis7 (D#dis7)	E-7

Amaj7	Gdis7	F#-7

Edis7	Emaj7	- - - - -

Faum7 (F7#5)	Bbmaj7	Gaum7 (G7#5)	C-7

C7sus4	Fmaj7	A7sus4	D-7

Ejercicio 2

Cmaj7	posibles respuestas:	Cmaj13	Cmaj9		
A7	posibles respuestas:	A7b9	A13	A7#9	A7#11
D-7	posibles respuestas:	D-9	D-11		
Db7	posibles respuestas:	Db#11	Db13		
Cmaj7	posibles respuestas:	Cmaj9	Cmaj13		
E7	posibles respuestas:	E7b9	E713	E7#9	E7#11
A-7	posibles respuestas:	A-9	A-11		
Fmaj7	posibles respuestas:	Fmaj#11			
G7	posibles respuestas:	G7b9	G13	G7#11	
Cmaj7	posibles respuestas:	Cmaj9	Cmaj13		

Hoja de Trabajo No. 9

Afternoon in Paris

Hoja de Trabajo No. 10

Au Privave